シュタイナー

死について

Rudolf Steiner Von dem Tode

ルドルフ・シュタイナー
高橋 巖 訳

春秋社

訳者まえがき

読者のみなさまへ

私たちが精一杯、この世の生活の中に身を置きながら、与えられた状況に適応して生きていくとき、そして精一杯、生きがいを求めてこれからの生活を設計していくとき、突然、理不尽な仕方で、自分の身近な人びとに、そして自分自身に死がおとずれるのを、避けることができません。

いつもは死など存在しないかのように生きていても、死の影がいつでも、どこかにつきまとっています。でも、不思議なことに、その死を正面から見据えようと思っても、死はその正体を現そうとしません。分かっているのは、私たちが、いつか死と共に自分の存在を終わらせることだけです。あとに残るものは、当人にとっては、名誉も、地位も、財産も含めて、何もないのです。

しかしシュタイナーは、本書のなかで、当人にとって存在が無に帰するのは、肉体だけだ、と強調しています。肉体だけが、いのちを失うと、物質の法則だけに身をゆだねて、灰になって終るというのです。

失われるのが肉体だけだとしたら、いったい人間の何が、当人にとって、あとに残るのでしょうか。私たちのいのちは、あとに残るのでしょうか。ところなら死んでも、あとに残るのでしょうか。

本書のなかで詳論されているように、シュタイナーは、肉体の存在領域である物質界以外に、別のリアルな存在諸領域があり、その別な存在諸領域で、死後も、人間は自己意識をより鮮明に保って、生き続けているというのです。

シュタイナーは一生かけて、現代人の知性にも納得できるような仕方で、「死後の生」の在り方を、エーテル体、アストラル体、地球紀などの新しい概念を用意して表現する努力を続けました。『神智学』『神秘学概論』『いかにして超感覚的世界の認識を獲得するか』という、彼の代表的著作の中に、その成果が体系的に示されていますが、本書におけるシュタイナーの叙述表現は、信じられぬくらい具体的です。

シュタイナーにとっての死の意味は、まだこの世に生きているときに、死後の世界を先取りすることによって明らかにされるのでなければなりません。そしてそれを可能にするために、シュタイナーは「魂」と「霊」という言葉を区別して使いました。「霊」というのは、「魂」がぎりぎりのところに立たされたとき、言い換えれば、わたしたちがいのちがけになったとき、はじめて現れてくるような自分の在り方です。いのちがけにならなければ、魂は霊的になることなく、自己中心的であり続けます。ですから、霊と死は、同じことを意味する二つの言葉なのだと言えるような気がします。

その意味で、本書の中でひんぱんに出てくる「霊界」は、死後の世界、「霊的認識」は死後の認識とも言い換えることができそうです。

このことと関連して、ここで「霊」を論じたわが国の代表的な思想家の考え方を紹介させていただきますと、鈴木大拙は、物質と精神を対比させる立場に立つ限り、矛盾、対立を克服することができない、人間はそれではどうしても生きていけない、と論じたあと、次のように述べています――

なにか二つのものを包んで、二つのものが畢竟するに二つではなくて一つであり、また一つであってそのまま二つであるということを見るものがなくてはならぬ。それが霊性である。

（『日本的霊性』中央公論新社〔中公クラシックス版〕一四―一五頁）

この物質と精神を、生と死に置き換えれば、そのまま本書におけるシュタイナーの立場とぴったり重なりますし、なぜシュタイナーや鈴木大拙、もしくは「霊学」を提唱した出口王仁三郎が、人間の本性を体と魂の二つから成り立つと考える、いわゆる人性二分説ではなく、体と魂と霊から成ると考える人性三分説の立場に立つのか、そのわけも見えてきます。

シュタイナーにとっても、鈴木大拙にとっても、人間の中に、本来自由であるべき、そして死後も存在し続けるべき人間の能動的本性を認めるには、霊を人間存在の中に見出すことが必要だったのです。

本書の第Ⅰ・Ⅱ部は、その意味で、この世にあってそれぞれ精一杯生きている私たち自身にとっての死の〈体験〉を論じた文章を中心にまとめられています。その多くは第一次世界大戦中のさなかに、若くしてこの世を去った人たちを身近に体験させられていた時期のシュタイナーが、すでにこの世を去った人たちとこの世に残された人たちとの交流について論じた文章を中心にして選ばれています。そして第Ⅲ・Ⅳ部では、現在の私たちが死と向き合い、死を体験するときの二つの〈認識〉の道（感覚の道、思考と感情の道）、つまりシュタイナーの用語を使えば、霊視（イマジネーション）と霊聴（インスピレーション）の問題を扱った講演録が中心となっています。

ではどうぞ、二〇一一年の三月十一日以降の読者すべての心に、本書が何か大切なものを伝えることができますように。

（訳者）

シュタイナー　死について　目次

シュタイナー 死について

I　死者と私たち

大切な人の死

生まれてから死ぬまでの人間に与えられた特別大きな謎のひとつは、運命の謎です。多くの、非常に多くのことが、運命という言葉と結びついています。運命の問題が輪廻転生を考えることによって或る種の理解を得ることができると言うとき、その言い方はしばしば一般的な命題に留まっています。私たちは具体的な事情にも眼を向けることができなければなりません。たとえば誰かが大切な人を喪うとします。その人は比較的幼いときにこの世を去りました。あとに残された人は、この大切な人なしに、長い人生をその後も生き続けなければなりません。そういう場合を考えただけでも、運命の問題の深刻さ、切実さがわかります。

神秘学はこういう運命の問題に実際に光を投げかけることができます。確かに人間の運命は、どの場合も、基本的に他の場合と違います。しかし個々の場合を神秘学的に研究することによって、人生そのものの秘密に満ちた経過に眼を向けることができるのです。たとえば、或る人が幼い頃にこの世を去り、家族があとに残されました。昨日の講演（「神秘学から見た人間の魂と体」チューリヒ、一九一六年一〇月二三日）で述べたように、そのような場合、地上で肉体を通して出会った人と人との幽明を異にした関係が、肉体を通して深めることのできる地上での人間関係よりもはるかに包括的な関係になっていくのです。一〇年、二〇年、三〇年、四〇年地上での人間同士が共に過ごすことよりも、同じ年月を死者と共に過ごすとき、はるかに広範囲な結びつき、はるかに大きな影響関係を二人の間に生じさせることができるのです。地上に留まっている人にとっても、死の門を通って霊界へ赴いた人にとっても、別離と喪失感を通して生み出される関係性の継続は、その内的本性を通して、互いの関係がはるかに大きなものになるのです。

地上に残された人は喪失感を持ち続けなければなりません。抽象的な言い方をすれば、その人は予期せぬときに大切な人を地上から喪ってしまいました。おそらくはそれによって、この地上界で将来一緒に暮せる希望を断ち切られました。人生の前提が断ち切られたのです。こういうすべても人生経験なのだと言えるでしょうが、しかし肉体を持つことで一緒に行ってきた体験に、悲しみ、苦しみが加わります。そうすると、肉体を通して結びついていた関係を変化させるような働きが生じます。なぜなら肉体を通して互いに向き合う日常生活の中で互いに共有してきた体験内容が、つらい喪失感を通して、カルマの流れに、進化の流れに日々付け加えられるからです。大切な人を失ったことによるすべての感情が、この世での経験に付け加えられます。しかし以上は、地上の世界に残された人の観点です。

霊界へ赴いた人の観点は違います。その人は、霊界へ赴いたからといって、地上に残した人と一緒でなくなったとは思っていません。霊界にいる人の側から言うと、地上に残された人の魂との意識的な共存が、地上での体験よりもはるかに集中した、内密なものであり続けているのです。そのとき非常にしばしば、より内密なこの関係が、この地上界で作られた相互関係の輪を更に補充してくれるのです。人びとがこの地上での生活の中で互いに出会い、それによって識閾下で共属性の輪が作られたとしても、その人びとがこの地上界で、長い間なお一緒にいたとしても、以前の人生からのカルマの下に生じたその関係が、この世のその状況の中で、十分に深められたとは言えないのです。

死の門を通った人は、まだ地上に留まっている身近かな魂たちと、思いを共有することができます。身近かな魂たちの思いの中に入り、浸透することによって、カルマを基礎にしたこの世での関係を深化させることができるのです。もしもその人が死の門を通っていかなかったなら、地上の生活状況の中では、そういう深化を生じさせることができなかったでしょう。人間関係を正しく成就させるためには、この世の人は地上で苦悩に耐え、あの世の人はあとに残された人たちの思いと共にいることが必要なのです。

（『カルマの諸作用』チューリヒ　一九一六年一〇月二四日より）

死者との語らい

死者との出会いにとっては、眠るときと目覚めるときが特に重要です。人間生活の中で死者と結びつくことのない眠りや目覚めの瞬間は存在しません。

眠りに入るときは、私たちが死者に向かい合うのに特別好都合な時間です。死者に何かをたずねたいときは、眠るときまで、問いを心の中に抱き続けます。問いかけたいこと、伝えたいことを眠る瞬間まで保持して、眠る瞬間になったら、死者にそれを問いとして発するのです。眠る瞬間がそのためのもっとも好都合で容易な機会なのです。別なときにもそうできますが、死者に向かって言うべき事柄を眠る瞬間に言うときが、一番死者に直接向かい合えるのです。

これに対して、死者が私たちに伝えることがあるときには、目覚めの瞬間がもっとも適しています。本来、私たちは無意識の中では絶えず死者たちと語り合っていますが、特に眠るとき、私たちは魂の深層で死者たちに語るべき事柄を語り、目覚めに際して死者たちが私たちに語りかけ、答えてくれます。

けれども霊的な観点から言えば、いずれの場合にも、時間の前後関係はありません。ちょうど地上に二つの場所が同時に存在しているように、眠るときと目覚めるときとは、高次の世界において同時に存在しているのです。

それではどのようにして、死者と語り合えばよいのでしょうか。(……)

たとえば誰かがこの世から死の門を通っていったとします。皆さんの無意識が、夜その死者に何かを伝えようとするとき、皆さんは意識してそれを伝える必要はありません。しかし、一日中そのための準備をすることができます。お昼頃からその準備をはじめ、夜十時頃に眠ると、その思いは眠りと同時に死者のところへ達します。しかし、その問いかけは思考や表象だけでなく、感情と意志の中でなされなければなりません。先ず、熱い心で死者に向かいます。死者が生前、特に関心をもっていたことや、死者と一緒だったときのことや、印象が深かったその時の話などを、生きいきと具体的に心に思い浮かべます。そのようにして、死者と語り合いたいという気持ちをもって、夜眠りにつくと、その問いかけは死者にまでとどくのです。

目覚めの瞬間には、どんな人にも非常に多くの事柄が死者たちから語られてきます。しかし死者たちの語る事柄は、まるで私たち自身の魂から生じたもののように現れます。ですから私たちはそれを自分自身の考えであると思ってしまいます。（……）

私たちの行いの多くも、私たちの内なる死者たちの働きなのです。私たちの呼吸する空気のように、霊界は私たちを取り巻いています。そして死者たちも、私たちの周囲にいるのです。それなのに、私たちはそれに気づこうとはしません。そのことをよく覚えておかなければなりません。

私たちの内部へ向けて語りかけている死者たちのことを、私たちは正しく理解できずにいます。正しく理解できれば、私たちの内部知覚を通して、死者たちの魂と私たちの魂とが、私たちの内部で深く結びついていることがわかるはずなのです。

（「生命変容としての死」ニュルンベルク　一九一八年二月一〇日より）

不慮の死

一体、不慮の死とは何を意味するのでしょうか。列車に轢き殺されるような、外から暴力的に死に追いやられる場合と天寿をまっとうして死をむかえる場合との間に大きな相違のあることは、誰にでも容易に推測できることです。

もちろんこういうことは個々の場合で異なりますが、そこに一定の観点を見出すこともできるのです。「横死」とは何なのでしょうか。それに答えることができるためには、死を地上生活からではなく、死の門を通過した人が立っている彼岸から見なければなりません。今までにも述べてきましたが、死者の側から見ると、死の瞬間とは肉体を失った死者に、生命が存続していることを教えるもっとも重要な出来事なのです。死に直面したとき、人は死後にも自我意識が存在するということをはっきりと悟るのです。

地上の生活では、幼児期にまで遡ることができる私たちの記憶が私たちに自我意識を与えてくれていますが、死後から新たな誕生にいたるまでの間では、死に直面することが私たちに自我意識を与えてくれるのです。

それでは、不慮の死をとげた人が死に直面したときはどうなのでしょうか。彼岸から見ると、横死による死はもっとも影響することの大きい経験であり、知覚なのです。奇妙に思われるでしょうが、この問題を探求していきますと、次のことがわかります。死後の霊界と地上の現界とでは、魂の体験に及ぼす「時間」の働きに大きな相違があります。とはいっても、地上での時間体験の中でも、死後における程の大きさではないにしても、死後の時間体験を想起させる場合があります。たとえば私たちはよく一日の中での、または数時間内での短い経験が数ヶ月または数年に及ぶ長い間の経験よりも、ずっと重要な意味をもちうることを知っています。この世でごく短い時間内に体験した出来事が、人生に特別大きな影響を与えていることがあるからです。そういうとき、私たちは「忘れられない出来事だ」という言い方をします。この単純な言い方の背後には今私が述べたような意味がこめられているのです。

さて、人が外界、つまり自分に属していない世界によって、ごく短い時間に、場合によっては一瞬のうちに自分の肉体を奪われたとき、その死の印象は、その後の数十年間に地上で経験したかも知れない経験内容よりも、もっと豊かでありうるのです。私は地上で生きえたかも知れない人生経験すべてと比較しているのではありません。しかし死後から新しい誕生までの間に必要な自我意識の力についていえば、長い年月をかけなくても、一瞬のうちにでもそれを得ることができるのです。……

横死の問題については、輪廻転生との関係を顧慮しないと、本当に納得できる説明にならないと思います。死後の自我意識と死に直面したときの体験との関係について今私がお話したことから、死そのものを知覚することが、死後の自我意識の強さ、集中力にとって、非常に重要であるということを理解していただけると思います。

(『カルマの諸作用』チューリヒ　一九一六年一〇月二四日より)

死者への祈り

私の愛は
今あなたを包んでいる思いと
ひとつに結ばれます
そしてすべての暑さを涼しさに変え
すべての寒さをあたためます
愛に包まれ　光を受けて
上へ向って生きて下さい

このマントラを死者に捧げるに際しては、まったく静かな状態で、一日に三回行う。一回は夜、眠る前に行い、この思考内容と共に自分も霊界（死者の国）へ赴くようにする。

大切なのは、「暑さ」と「寒さ」という言葉に生きいきとした感情を結びつけることである。

この「暑さ」と「寒さ」が地上で感じられる暑さ、寒さではなく、感情の暑さ、感情の寒さを意味しているのだからである。

この世の人間が死者にとっての暑さ、寒さをイメージするのは、決して容易なことではない。死者は死の門を通ると、もはや肉体を用いることができないのに、肉体と結びついたアストラル体部分が働いていることに気がつく。人間がこの地上で努力することの多くは、肉体を用いることによって可能となる。今、その肉体が、とりわけ肉体の感覚器官が存在していないということは、魂の次元では、燃えるような渇きの感情に似たものになる。とはいえ、それは似たものであるにすぎない。これが肉体から離れた人間の烈しい「暑さの感覚」なのである。

このことは、私たちの意志が要求するものについても言える。私たちの意志は、肉体の働きを用いることに慣れているのに、今はもはやその働きを用いることができない。この「欠乏」は、魂の寒さの感情に似たものとなる。この世に残された人は、まさにこれらの思いに対してこそ、助けの手をさし伸べることができる。この思いは単に個人生活の結果であるのではなく、人間であることの意味と関連している。だからこそ、肉体を失った死者に役立つことができるのである。

（シュタイナーの私信より、ベルリン　一九〇五年一二月三一日）

苦悩する時代に

エルバーフェルト　一九一五年六月一三日

謎としての死

現代という時代を生きている私たちは、この上なく深い意味で、魂のすべての働きを総動員しなければならない多くの出来事に直面させられています。

私たちは、どんなときにも謎として迫ってくる死を、地球全土で繰り返して体験しなければならない時代のまっ只中にいるのです。私たちの時代は、無数の魂に限りない苦悩を押しつけています。しかしまさにこのような時代だからこそ、この時代の内部に人類の未来の進化発展のための大切な力が秘められている、と願わざるにはいられません。

こんなにも多くの苦悩を体験しなければならないのなら、そこから何か大切なことが生まれてこない筈はないのです。まさに神秘学は、大切な何かが苦悩から生まれてくる、と教えているのですから。

ですからまさに神秘学による考察こそが、この運命的な時代において、信頼の力、希望の力を私たちの中に喚び起こすのにふさわしいものでなければなりません。その意味で今日は、私たちの苦悩にみちた、激動的な時代の中で感情をふるい立たせることのできるような考察を行いたい、と思っています。

今、この時代の中で私たちが繰り返して経験させられなければならないのは、若くしてこの世を去らねばならなかった人たちのことです。これからも多くの人が、若くしてこの世を去らなければならないのです。そういう時代に一体どんな意味があるというのでしょうか。私たちが神秘学を通して学んできたのは、死の門を通っていったとき、その肉体は大地の諸要素に委ねられるが、しかしそのエーテル体とアストラル体と自我とは、まだ互いに結びついている、そしてその後比較的短い間にエーテル体がそこから離れて、独自の道を辿る、ということでした。そしてそこから人間は、更なる旅に、死から新しい誕生への旅に出るのです。その時のアストラル体と自我は、人間が霊界においてでなければ出会うことのできないような霊的な存在と出会うのです。

その場合、注意しなければならないのは、若くして死んだ人のエーテル体は、通常の人生を生き、老年になって死を迎える人のエーテル体とはまったく違った在りようをしている、ということです。

自然科学は、エネルギーは変化することはあっても、失われることはない、と教えます。神秘学は、霊界においても同じことが言える、と教えます。若い時に死の門を通っていった人のエーテル体は、まだ何十年も地上でその人の人生のために働くことのできる力を秘めたエーテル体でした。この世でのエーテル体は、高齢になるまで、必要とされるすべての生命力を提供できなければなりません。或る人が二五歳、三〇歳で死の門を通っていったとき、そのようなエーテル体がその人から離れていきます。そのエーテル体は、高齢になるまで肉体を維持できたであろうようなエネルギーをまだ保っているエーテル体なのです。そのような力がエーテル体の中にあるのです。そしてそれは霊界においても失われることがありません。

夭折の霊的な意味

多くのそういうエーテル体が今、霊界にいわば委ねられているのです。そういうこんにちの時代を生きる私たちは、次の問いを忘れてはなりません。――「若くしてこの世を去った人たちのエーテル体は、いまどうなっているのか。」

この問いに根本的な答えを与えるためには、その前に、この世の人間のエーテル体が地上でどんな道を辿るのかを知る必要があります。

人間の肉体は、年と共に次第に老いていきます。理解しにくいことですが、エーテル体はそうではないのです。次第に老いていくのではなく、逆に、肉体が老いていく度合いに応じて、次第に若返っていくのです。そして老いて、天寿を全うして、通常の年齢において、死の門を通る時のエーテル体は、幼児期にいるのです。従ってこう言えます。——私たちがこの世に生まれてきたとき、肉体と結びついたエーテル体は、すでに老いており、この世の人生の過程でますます若くなり、死の門を通るときに、幼年期にいたるのだと。ですからこうも言えます。——或る人が若くして死ぬとき、そのエーテル体も若いのではなく、特定の成熟段階に達しているのだと。

しかしこのことは、実際には、どういうことなのでしょうか。それについてはひとつの例で説明することができます。皆さんの多くは御存知だと思いますが、ここでも申し上げさせていただきますと、皆さんの多くが体験なさった、最近の具体的な出来事のことです。

ドルナハでの講義の終ったあと、私たちの友人の七歳の息子さんが亡くなった、という知らせを受けました。大きな不幸な事件がおきたのです。夕方になって、ゲーテアヌムの建物の近くにトラックが走ってきたのです。奇妙なことに、これまでずっと、トラックなど通ったことのない場所でした。この家具運送用のトラックは、或るところまで来て、横転しました。それが夕方のことだったというだけで、くわしいことは分かりませんでした。その時に男の子がいなくなったのです。みんなが一緒に、夜一〇時から一二時ぐらいまで、トラックに乗っていた人たちに協力して、車体を持ち上げるのにあらゆる努力を払いました。車はとても足場の悪いところに落ち込んでいたので、持ち上げるのに一二時までかかりました。そして持ち上げてみたら、幼いテオドル・ファイスが車の転覆したちょうどその瞬間に、そこを通りかかって、車の下敷きになったのが分かったのです。やっと七歳になったこの子は、とてもかわいい、きわ立って才能豊かな子でした。

霊的な因果関係

この出来事を霊的に受けとめようと思いますが、そのために、これまで何度もお話ししてきた霊的な因果関係のことを思い出したいのです。何度もお話ししたように、通常の表面的な思考は、原因と結果を取り違えてしまうことがよくあります。例えば、小川に沿った道を歩いていた人が川に落ちたので、びっくりして走り寄ってみると、ちょうどその人の落ちたところに石があったのです。すぐにその人を引き上げたのですが、すでにその人は死んでいました。どうしても、石にけつまずいて、川に落ち、溺れ死んでしまった、としか思えませんでした。しかし、実際は、そうではなかったのです。その人がその落ちたところにまで来たとき、心臓発作を起こして、川に落ちてしまったのです。その人の運命は、そこにあった石とは無関係だったのです。心臓発作が川に落ちたことの原因だったのですが、しかし事実をよく知ろうとしないで、表面的な思考に留まっていると、川に落ちたことが死の原因である、と言うでしょう。そうしたら、事実とはまさに正反対の結論になってしまったでしょう。

霊界に関わる事柄を問題にするときには、原因と結果の関係を見通すことが、もっとむずかしくなります。特別の事情によって死を迎えたこのテオドルの場合のような不幸が生じたなら、高次の観点に立たなければなりません。トラックが走ってきて、事故を起こし、たまたま通りかかった子どもをまきぞえにしてしまった、と考えてはなりません。むしろこういう場合、霊的な観点に立って、子どものカルマがまっとうされた、と考えなければなりません。トラックは、子どもが死を迎えるときだったので、そこを通りかかった、と考えるべきなのです。トラックは、カルマに記されていた死を子どもに与えるために、ただ外的な条件を用意しただけだったのです。言い方をかえれば、子どもの高次の自己が死の門を通ろうとして、この状況全体を出来させたのです。

こういう考え方を聞くと、多くの現代人には、ばかげている、としか思えないでしょう。神秘学は、唯物主義的に考える現代人には、ばかげているとしか思えない事柄こそが、まさに真実に応じているということを、どうしても私たちに示さなければならないのです。

しかしこの場合、大事なのは、七歳の子のエーテル体が子どものからだから分離しなければばならなかった事情です。そのエーテル体は、自我とアストラル体と結びついて、更に霊界へ旅立つのです。

幼いテオドル・ファイスの個性のこの更なる人生の旅について語るのは、今の私たちの課題ではありません。私たちの課題は、この場合のエーテル体が、この世で七年間だけ物質生活のために生命力を供給した事情に注意を向けることなのです。このエーテル体は、生まれてから死ぬまでの長い人生のために生命力を供給するための用意ができていました。その用意された生命力は、死後のテオドル・ファイスのエーテル体の中に保たれています。いま私たちが意識していなければならないのは、幼いテオドル・ファイスの死以来、ゲーテアヌム建築となんらかの内的な関係をもっている人が、幼いテオドル・ファイスのエーテル体のお蔭を蒙っていることなのです。

このゲーテアヌム建築の場合、いろいろとやらなければならないことがあります。今日は霊界から受ける霊聴内容《インスピレーション》についてすぐにお話しするつもりですが、霊界から受け取るどんな事柄も、それが実際に霊界から私たちのところにまで降りてくるには、助けとなる生命エネルギーが必要なのです。そして事実、幼いテオドル・ファイスの死以来、この子の拡大されたエーテル体がエネルギーとなって私たちのドルナハの建物をオーラのように包んでくれているのです。どのくらいの範囲で包んでくれているのかをはっきりさせることは可能です。

御承知の通り、ドルナハ建築は二重の穹窿構造をもっています。暖房所は神秘学の基本に則っ

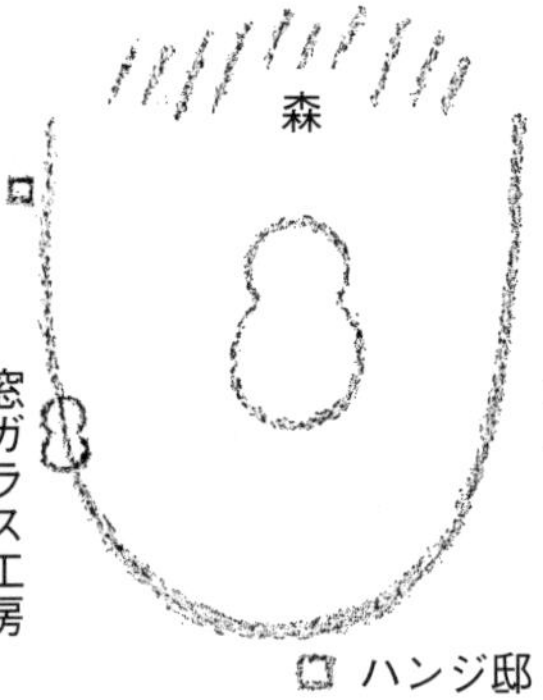

てここに置かれています。そしてここには、この建物の窓ガラスを研磨するための工房が置かれています。ついでに申し上げますと、このあたりに、いわゆる「ハンジ邸」がありますが、私たちはここに住んでいます。

さて、注目すべきことに、幼いテオドル・ファイスのオーラは、ここまで、森のところまで広がり、そこから暖房所のわきを通って、この窓ガラス工房のまん中を通り抜けて、このハンジ邸の前を通り、この家を取り込まずに、この建物全体を包み込んでいます。ですから本当に、この建物の中に入ると、テオドル・ファイスのエーテル・オーラに包されているのです。

しばしば申し上げてきたように、エーテル体は肉体から離れますと、どんどん大きくなっていきます。ですからこのエーテル体がこんなに大きくなって現れていることにおどろく必要はありませんが、このエーテル体には、仲介する力があるのです。霊界からの印象を受けとれるようにしてくれる力があり、その力は、この建築形態の芸術的な仕上げを可能にする力になってくれているのです。この建築のために働いてくれている人なら、このエーテル・オーラに何を負っているか、分かる筈です。ためらうことなく告白しますが、幼いテオドル・ファイスの死後、この少年の建造物全体を覆うエーテル体が与えてくれる、霊聴《インスピレーション》を仲介する力によって、それまでできなかったことができるようになったのです。こういう事柄は、むしろ黙っている方がずっと楽です。そういう仲介力など必要ではない、と威張って見せることもできるでしょう。しかしそんなことはどうでもよいのです。大事なのは、真実を知ることなのですから。

死後のエーテル体

今述べた事実に眼を向けるなら、人生から切り離されねばならなかったエーテル体がどういう存在でありうるのか、感じとることができます。特に若い頃に人生を死によって中断されたエーテル体がです。

ここで特に強調しておきたいのは、人間のエーテル体は、単に肉体を包み込む霧のように曖昧なものなのではない、ということです。肉体も同様です。肉体は筋肉や骨などからなるひとかたまりのものであるのではなく、一種の神殿であり、小宇宙なのです。人体の形姿は、本当に、宇宙全体から取り出されたものなのです。人体は奇蹟の産物なのです。このことが分かっていなければ、何が肉体なのか、正しく認識することなどできる筈はありません。

　第二神秘劇『魂の試練』の最初の会話の中で語られている感情を感じとることができる人なら、すべての人の肉体が、すべてのヒエラルキア存在を通して、今どのように地上に置かれているか、神々の世界全体がどのように人間一人ひとりを物質界の中に置くことを大切にしているか、想像してみることができるでしょう。この観点に立って観察するなら、この肉体がどんなに大切な意味をもっているか、知ることができるでしょう。

　見霊的に認識するとは、人間が自分の霊的＝魂的なものを、自分の身体的＝物質的なものとは別に、自分の体から独立しているものとして、意識することです。見霊的に知覚することのできる人と、自分の霊的＝魂的なものを身体的＝物質的なものから引き出している睡眠中の人との間には、基本的に、外から見ると、何の区別もありません。見霊意識とは、肉体の外で知覚することができる意識のことです。そのことをふまえるなら、睡眠中の人間に何が生じるのかについて、ひとつの表象《イメージ》を作ることができます。

　この図式は、イメージを容易にするためのものです。これが人間の睡眠時における身体的＝物質的なもので、これが霊的＝魂的なものだと考えてみて

下さい。覚醒時の人間の場合は、もちろん霊的＝魂的なものが身体的＝物質的なものの中にあります。今は特に、睡眠時における人間をイメージして下さい。

肉体とエーテル体がベッドに横たわっています。目覚めている時のように、アストラル体と自我を自分の中に受けとめてはいません。けれども覚醒時にアストラル体と自我が肉体の中で行っていることは、睡眠中、完全に中断しているわけではありません。通常の知覚にとって、ベッドに横たわっている人は、まるで魂を欠いているように見えますが、見霊的な意識にとって、この肉体とエーテル体がベッドに横たわってはいても、魂を欠いてそこに横たわっているのではありません。この睡眠中の肉体、エーテル体については、こう言わなければなりません。――「今夜になって、人びとが眠りについているこの地方も、昼間は太陽が光を投げかけていた。今は夜だ。」私は、夜眠り、昼目覚めている通常な状況について述べています。こんにちの大都会の状況について述べているわけではありません。「夜の闇が、この地上を覆っている。その時、地球の本性が思考し始める。そしてその地球の本性の思考器官こそが、この眠っている人体なのだ。」

人間自身は脳によって思考しますが、地球はこの眠っている人間のからだによって思考するのです。地球は常に昼間知覚しています。その知覚とは、宇宙空間からの太陽の光によって照らし出されることに他なりません。それが地球の知覚なのです。そして夜の地球は、自分が昼間知覚したものを思考によって消化しているのです。

思考する時の地球は、眠っている人間を使って思考するのです。ですから、眠っている一人ひとりは、いわばそれぞれ地球の脳の分子になっているのです。

実際、私たちの肉体は、私たち自身がその肉体を使用していないとき、地球がその肉体によって思考できるように、そのために役立つことができるように整えられているのです。

しかし地球が人間の肉体によって思考するように、地球は、人間のエーテル体によって、地上にあって地上的ではないもの、地球に存する宇宙的なものを霊視するのです。眠っている人間の肉体の中には地球の脳部分があり、そして眠っている人間のエーテル体によって地球は自分の中の宇宙的なものを霊視するのです。

私たちのエーテル体の中で、地球のエーテル界のすべての力が、すばらしい形象となって流れています。肉体としての人間が地球に属しているように、エーテル体としての人間は、天上界に属しているのです。覚醒時の人間の肉体が思考器官になってくれているおかげで、私たちは肉体を使って思考できるのですが、それと同じように、天上界がエーテル体を私たちに提供してくれているおかげで、エーテル体が覚醒時の私たちのために、天上界を映し出してくれます。私たちは、自分のエーテル体のことを霧のかたまりであるかのようにイメージするのではなく、エーテル体を、天上界を映し出すことのできる小宇宙的な存在である、と思えなければなりません。

私たちのエーテル体は、私たちがこの世に生まれたとき、すでに完成された存在だったのです。

大宇宙に由来するさまざまな霊視内容《イマジネーション》がそのエーテル体の中で光り輝いていました。そして人間がこの世を生きる過程で教育を受け、知識を学び、意志と感情の力を発達させながら、身につけてきたものはすべて、このエーテル体の天上の光から取り出してきたのです。生まれてから死ぬまでの間に、エーテル体という宇宙的な天上の力（霊視内容）は、私たちに委ねるべきものを私たちに委ねてくれるのです。

私たちが生まれてから死ぬまでのこの世の人生を過ごす中で、私たちのエーテル体が若返っていくのは、私たちがこのエーテル体のおかげで成熟してきたからなのです。けれども若くしてこの世を去った人のエーテル体の中には、まだ非常に多くの未使用の天上の光が残っています。ですから先程お話ししたように、そういう夭折した人のエーテル体は、天上の力の仲介者になるのです。人間の魂の個性の働きとはまったく別のところで、すでに述べたように、天上からの贈りもの、霊界からのイマジネーションがこのエーテル体から流れてくるのです。だからこそ、テオドル・ファイスのエーテル体は、私たちに霊感を与えてくれるのです。

このような供犠を行う人物の魂の特別なカルマについて語ることは、今日のテーマから離れてしまいますが、こういう行為は、人間の次元で行われるのではなく、カルマ全体に関わることなのです。このような供犠に殉じた人は、人類の世界経過の中で、特定の役割を果たす使命を受けている人です。私たちの神秘学の営為のための空間を提供してくれるべき私たちのドルナハ建築もまた、そのような世界経過に役立つものでなければなりません。

さて、考えて下さい。私たちが今生きている時代には、多くの、多くのそのような若くして世を去ったエーテル体が霊的な環境の中に存在しています。血みどろの戦場で死の門を通っていった人は、ベッドの中で、または日常の中での不慮の出来事で死の門を通っていった人とは、別の仕方で死の門を通っていくのです。このような人は、死を特別の仕方で覚悟しています。たとえ無意識であったとしてもです。アストラル体が死の覚悟をきめた上で若い生命《いのち》が死の門を通っていったとき、その人のエーテル体はすべて、未使用の力をもっているのです。

悲惨な時代にとっての死後のエーテル体

今私たちが迎えている時代を生きる一人ひとりの魂は、意識してこう考えることができます。——「今、ひとつの時期が経過する。この時期は多くの、多くの未使用のエーテル体を霊界へ送り込んだ。この未使用のエーテル体の中には、すばらしいエネルギーが含まれている。私たちは神秘学を学ぶことによって、今、こう言うことができる。これらのエーテル体は、人類の進化にとってかけがえのない意味をもつに違いない、と。」

しかしこのことは、地上の人類史の中で生じたすべての戦争について言えることなのではありません。神秘学が考察する事柄は、自然科学の考察対象のように、常に同じ在り方をしているのではありません。以前の時代の戦争は、今次の戦争とは違った仕方で語らなければならないのです。私が今言おうとしているのは、現在の運命的、宿命的な時代についての事柄です。こんにち私たちが神秘学を学ぶのは、たまたま思いついて学ぶのではありません。人びとが今、神秘学を学ぶのは、本当に、人類の進化の過程の大切な一環としてなのです。

人類史上、地上のどの時代も、特定の使命をもっていますが、人類の現代と近未来の進化の幸せは、ますます数多くの魂が霊的な真実を所有するときにのみ、可能になるのです。

しかし皆さんがどんなに神秘学に没頭するとしても、現在、その皆さんが大切にしている霊的な真実を人に伝えることは、なんと難しいことでしょうか。社会で出会う人びとは、そういう考え方に反対するでしょう。それどころか、そういう考え方は非現実的な空想にすぎない、と言うでしょう。そういう例はどこでも見られます。そういうとき神秘学徒が言えるのは、次のことだけです。――地上の現実だけで、真実を語ることはできない。

けれども、やがて近い将来、私たちの時代の悲惨な諸事件の中で死んでいった人たちの未使用のエーテル体が数多く存在するようになります。そして未使用の力をもったそういうエーテル体が、近い将来、霊感を与える力になってくれるのです。今私たちにできるのは、知的、理論的にではなく、心情の力で、天上のエーテル体たち、つまりこの運命的な時代に若くして死んでいった人たちのエーテル体たちに祈りの心で向き合うことだけです。神秘学に真剣に向き合う人たちなら、自分の魂をこれらのエーテル体に向けるだけでいいのです。そうすれば、これらのエーテル体の協力が得られるのです。

ですから、神秘学の思いに本当につらぬかれることによって、私たちがこれらのエーテル体との熱烈な共同生活を可能にするなら、この深刻な運命的な時代に、この悲劇的な激動する時代に、若くして犠牲となった人たちの未使用のエーテル体の力は、今後かならず私たちの魂の中に流れ込むに違いないのです。

近い将来、この世を生きる私たちの魂の中に、その魂が真実の思いに貫かれている限り、犠牲となったエーテル体の力が流れてきます。そしてこの流れこそが、天上の力であり、霊界の力なのです。

これから、世界中に霊的に真実の心をもたらすために、別の力も働くことができなければなりません。現在生じている事柄を信じる力もです。この運命的な日々は、霊的な真実を生きようとする人にとって、深い、深い意味をもっているのです。

人間のエーテル体の中の霊視内容がどんなにすばらしいものであっても、その霊視内容が人間のエーテル体を通っていかなければ、違ったものになってしまいます。この命題は絶対ではありませんが、この場合にはあてはまるのです。

死者のエーテル体との出会い

人間がこの世に生まれてきたとき、その人間の魂に結びついたエーテル体は、物質生活をいとなむために必要な霊的エネルギーを集めます。しかしこのエネルギーは何もないところからは生じません。そのエネルギーは、若くして世を去った人のエーテル体から受けとらなければなりません。その方がこの力を用いるのがずっと容易になるのです。幼いテオドル・ファイスのエーテル体の力のすべては、いつもは霊界の中にあっても、その力を現世のために提供すべきものなのですが、今その力のおかげで、私たちにとって、霊聴体験《インスピレーション》が本質的に容易に手のとどくものになったのです。

考えてみて下さい。今後ますます、心の準備のできている人びとに、まだ未使用の力をもった非常に多くのエーテル体が提供されるのです。このことが人類の進化全体にとってどれほど大きな意味をもっているか、考えてみて下さい。しかも、この天上の力（エーテル体）は、死の門を通ったことによって、外なる物質界の法則から解放されています。これまでは、霊界の中からこのような力を直接取り出してくることは不可能でした。今でも、もしも戦争がおこらなかったら、これほど多くのエーテル体が提供されることは、なかったでしょう。もちろん、こういう力のすべては、霊界の中に存在しています。けれどもこの世の人間によって使用されることはできなかったでしょう。なぜなら、霊界の中のそのような力を使用するのは、とても難しいことなのですから。

そもそもエーテル体の力は、寿命をまっとうする人びとの人生の中で消費されてしまいます。その意味でも人が任意にその力を使用することはできません。いずれにせよ、エーテル体という天上の力は、人体の中に浸透して働くことに意味があるのです。このことによってこの天上の力は、地上の生活を可能にしてくれているのです。さて、この力は、人類の幸せのためとは別の仕方でも用いられることがあります。

別の仕方でも用いられるのです。人生は、自由の光の下に進化していかなければならないのですから。ですから例えば、今アーリマンが人間の思考や理性を暗くして、神秘学的な発想を一切拒否するように仕向けたとしましょう。そういうときにも、エーテル体は人体を維持するために働いていています。しかしそこには神秘学に関心を寄せる魂は存在していません。魂はエーテル体の力を地上的な進歩のためだけに役立てようとしています。

そういう時は、ルツィフェルとアーリマンが魂に介入しているのです。そしてこのエーテル体の力を自分たちのために役立てているのです。このことの重要な意味を、どうぞ意識して受けとめて下さい。犠牲者の死を通してこの世に与えられたエーテル体の力が、どのような仕方で地上の進歩のために用いられるかは、現在、一人ひとりの人間の手に委ねられているのです。

現在の私たちは、熱くなった心で霊感を受けとる可能性が与えられています。エーテル体の力で地上の進化のために働くことができるのです。けれども唯物主義がすべての人の心を支配したり、または国家主義が人びとの情念を支配したりするなら、ルツィフェルとアーリマンが、このエーテル体の力を自分のために役立たせてしまい、地球の進化のためには、何の役にも立たせることができなくなってしまうでしょう。

この関連をよく考えると、地球の進化にとっての神秘学の深い意味がはっきり見えてきます。本当に、私たちが犠牲者たちのエーテル体の力を正しく人間社会のために役立たせるためには、私たち一人ひとりが神秘学の課題を深く心に受けとめることが何よりも大切なのです。

私たちがこの運命的な日々に、死者たちのエーテル体の力を地上の霊的な進化発展のために役立たせるなら、このエーテル体の力は限りなく聖なるものになってくれるでしょう。その時生まれる心の在りようは、どこか祈りに似たものになります。その祈りは次のように言い表わせます。

――「宇宙の霊よ、地球の幸せと進歩のために、私たちがルツィフェルとアーリマンに支配されることなく、神秘学を通して心の在りようをしっかりと保っていられますように！」

ゲーテアヌムの群像彫刻

私たちの建物（焼失した第一次ゲーテアヌムのこと）は、神秘学が人類のために仕えることができるための旗じるしでなければなりません。ですからその形態は、神秘学者の心からの思いの表現であろうとしているのです。この建物を細部に亙って今お話しするには、とても時間が足りません。いつか実際にこの建物を見て下さるなら、そしてそこでの行事に参加して下さるなら、この建物の意図を知っていただけると思います。今日はこれまでに述べたこととの関連で、ひとつのことだけをお話ししたいと思います。

東方に向けて建てられたこの建物の重要な場所に、群像彫刻が置かれることになっています。この群像が表現しようとしているのは、私たちの時代の意識の中に生かされねばならないことなのです。そこには本質的に三つの形象が、三種の本性たちが表現されています。一種の岩石が前方に突き出ています。そしてその突き出ている下のところに、空洞があります。突き出た岩の上には、中心となる人物像が立っています。この中心の像は、どう呼んでもかまいませんが、言葉の最高の意味で地上の人間の代表を表わしています。地上での三年間自分の中にキリストの本性を担った人物の中に、地上の人間の代表を見ようとするなら、この像をキリストと呼ぶこともできるでしょう。しかしこの像の前に立って、これはキリストである、というのではなく、すべてを芸術として感じとっていただきたいのです。つまり象徴として外から解釈するのではなく、フォルムそのものを感じとっていただきたいのです。

この上のところには、第二の本性が表現されています。この本性はここに、人間に似た——人

間に似たとしか言えません——頭部をもっています。この頭部は、人間の頭部を思い出させて、頭骨部分、特に額の部分を力強くあらわしています。人間の場合、この部分は比較的動きがありませんが、この本性の場合、すべてが動いています。

人が手の指を動かすことができるように、この本性はこの上のところにいて、魂のすべてを動かすことができるのです。この上のところは、すべてが動いているように表現されています。顔の下の部分はとても引込んでいますね。引込んだ顔の上を力強い頭骨が蓋っているのです。

こんな風に細部にこだわっていますが、この像の場合、どの線も大きな意味をもっているのです。更に、ここを見て下さい。ここがとても独特です。喉頭部のちょっと垂れ下がったところが上へ向かってふくらんで、耳の下の部分になっていますね。耳の上の部分は額の部分と重なっています。

反対側を見ると、鳥の翼を思わせる二つの構成体が互いにつながっています。そしてその二つの間に、からだがひろがっていますが、そのからだは、全体が変形した人間の顔のようになっています。翼と喉頭部と耳とは、ひとつに形成されています。ですから、こういう認識が成り立ちます。——翼によって、この存在が宇宙音楽の中に生きていることが分かる。宇宙音楽の空間の波を通して、羽ばたいている。そしてこのことが耳の中で音となって響いている。——人間の場合には、こういうすべてが委縮してしまっているのです。

さて、人類の代表は左手を上にあげます。そうすることによって、岩上のこの形姿の翼は破られ、岩上から落下します。この落下する、破れた翼の形姿は、ルツィフェルを表現しています。

この下の洞穴の中にもう一方の形姿がいます。この形姿は鳥のような翼ではなく、こうもりのような翼をもち、龍か蛇のようなからだと、人間の頭を思わせる頭をもっています。しかしルツィフェルの場合、力強い額が形成されていましたが、この下に位置する形姿の場合、額はひっこんで収縮し、その代り口のまわりは力強く形成されています。この形姿は地中の黄金に取り巻かれています。地中の黄金は、この形姿に手かせ、足かせをはめています。この形姿は、人類の代表であるキリストの下にたらした右の手から始まる作用の下でゆがんでいます。この下に位置する形姿は、アーリマンです。地中の黄金に拘束されたアーリマンなのです。

以上が言わば全体の理念です。しかしこの理念だけでは、問題の本質を示唆しているだけです。今ここで、いつも象徴を大切にする伝統的な神智学の立場を繰り返すつもりはありません。今問題なのは、感情に働きかける霊的な働きを芸術に変えることなのです。ですから、この形姿はこれこれのことを表現している、と語るのではなく、芸術表現として、人間もしくはキリストとルツィフェル、アーリマンとの関係を感じとっていただきたいのです。

この関係は、写実的な芸術手段で表現することができません。手の動き、手の指の一つひとつの動きの表現が大事なのです。なぜなら、その表現の中にこそ、大事なことが含まれているのですから。

最初は何を表現しているのかを知ることも大切です。キリストは左手を高くかかげ、そうすることでルツィフェルの翼を破り、ルツィフェルを落下させる力を外に流しました。そして下に垂らした右手によって、アーリマンを拘束する力を外に流しています。しかしこういうことを心に思い浮かべるだけなら、まったく間違ってしまいます。

エーテル体と悪の働き

この群像彫刻の場合に特に大切なことを示唆するために、或ることを思い出しておきたいのです。それは芸術がこれまで創造したもっとも偉大なものに数えられる作品のことです。ローマのシスティーナ礼拝堂にあるミケランジェロの『最後の審判』の図のことです。そこでのキリストは、善人たちを天上へ、悪人たちを地獄へ行かせます。キリストは一方の人たちを良い世界へ、別の人たちを悪い世界へ行くように促すのです。そのようなキリストは、私たちが神秘学によってその真の本性を理解しようとしているキリストではありません。真のキリストは断罪もしませんし、賞讃もしません。怒ったり、通常の愛を感じたりするのではなく、キリストはその存在そのものを通して、働くのです。

ルツィフェルの翼はキリストによって折られたのではなく、ルツィフェルがキリストのそばに来たので、ルツィフェルは、自分の魂の在りようによって、翼を折ってしまったのです。アーリマンもまた、キリストの近くに来たので、自分の魂の中に生じたことによって、自分で自分を拘束したのです。ですから社会に対する純粋ではない正義感を、キリストの高くかかげた手も、下におろした手も、もっている筈はないのです。

この上のところにいるルツィフェルは、キリストの手がすぐそばにあることに耐えられません。その耐えきれなさによって、ルツィフェルは自分の翼を折ってしまいます。キリストがルツィフェルの翼を折ったのではなく、ルツィフェルが自分で自分の翼を折ったのです。そしてアーリマンの場合も同様です。

ミケランジェロは、真のキリストを描くとはどういうことなのか、まだ理解していませんでした。キリストの本性はそれほどに意味深く、キリスト本性を理解することはそれ程に難しかったのです。キリスト理解は、時と共に持てるようになっていくのです。キリストは、みずからの存在を通して、人びとが自分自身を断罪したり、救済したりするようにしているのですが、そのことは、これから理解されるようになるでしょう。

ミケランジェロの描くキリストは、まだルツィフェル的＝アーリマン的なものをもっています。そのキリストは、みずからの怒りや同情心によって、悪人を地獄へ、善人を天国へ送り込むのですから。その時のキリストは、自分の情熱と関わっています。この群像彫刻でのキリストは、個人的な立場に立っていません。キリストに近づく本性たちが自分自身を裁いているのです。

このことからも分かるように、ルツィフェルとアーリマンの力に浸透されている社会の中での人間の位置が、私たちの建物の重要な場所で表現されているのです。そこには霊界の中でしか見出だせない本性たちが眼に見える姿で表現されています。芸術上の自然主義、唯物主義が支配的だったこれまでの時代の芸術が求めてきたすべては、このドルナハの地で培われている芸術によって、のりこえられなければなりません。何かまったく新しいことが、芸術の分野でも、霊学によって提示されなければなりません。これまでに可能だったもっとも偉大な作品のひとつ、『最後の審判』におけるミケランジェロのキリスト像ものりこえられなければなりません。

とはいえ、その一方で、忘れてはならないのは、もちろん私たちの建物は、すべてが初歩的なはじまりでしかない、ということです。すべては不完全ですし、すべては基本的であり、はじまりにすぎません。しかしそのはじまりは、まったく新しいはじまりでなければなりません。すべてが不完全であることは、もちろん十分に心得ているつもりですが、それでも、人間生活全体に浸透していくべき霊的衝動を示唆するのでなければなりません。

どうぞ考えて下さい。未使用のエーテル体の力という、霊的な恩恵の前を気づかずに通りすぎてしまっていいのでしょうか。この恩恵を地上の進化のために生かす可能性が見出だせなかったら、このエーテル体の力は、ルツィフェルとアーリマンの獲物になってしまいます。

ここで私たちは、地球・人類の途方もなく重大な秘密に触れたことになります。すなわち、キリスト衝動とルツィフェル衝動、アーリマン衝動との関係は、これからの未来にますます人びとから理解されるようになっていくでしょう。ルツィフェルの力とアーリマンの力が世界を支配しようとします。そうすると人間は、自分の中のキリストの力を通して、新しい存在にならないわけにはいきません。この新しい存在としての人間は、ルツィフェルとアーリマンが引き起こす嵐の中で、波や風に翻弄されながらボートの中に坐っています。しかしこの新しい存在は、ルツィフェルとアーリマンの生きた実体から成る海の中を通って、みずからの道をこぎ進んでいます。ルツィフェルとアーリマンの海の中を通って、人間は自分のキリスト・ボートを漕ぎ進めるのです。

神秘学が私たちに打明けてくれるあれこれのことを、理論にして学ぶために、私たちは私たちの支部の集まりに参加するのではありません。私たちが集まるのは、私たちの魂の中に生きているすべてが、神秘学から流れ出るこころざしに充たされるためなのです。

大切なのは、神秘学によって何を思考するかではなく、どのように思考し、感じとり、意志するかなのです。私たちが人類の地球紀での進化の中に見てとることのできるどんな小さいことも、どんな大きいことも、私たちの魂の眼の前に現れます。いたるところで私たちの眼の前に現れてくるのは、キリスト、ルツィフェル、アーリマンという三者の関係です。この関係を知ることが、未来の人間の生き方にとって本質的に大切なことなのです。

そのことをミケランジェロはまだ見てとることができませんでした。これまでの諸時代はこの三者が世界の中でどのような在り方をしているのか、正しい仕方で見てとることができませんでした。しかし世界の中で北極と南極のように作用しているルツィフェルとアーリマンとの関係の中でキリストに出会うとき、はじめてキリストの本性を認識することができるのです。

こういう事柄については、このあとの数日間の講義に参加していただけるなら、その時更にいろいろ申し上げたいと存じます。今日特に申し上げたかったのは、神秘学的な考え方がこれからの未来における霊界にとっても、非常に大切だということでした。物質的に生起する事柄を霊的にも見通すことのできる人にとって、このことは、本来自明なことなのです。

地球と人類を守護する良き神霊たちは、人類の幸せのために生じなければならないことが生じるように、人びとに力を与えて下さっているのです。

若くして死んでいった人たちのエーテル体の未使用の力は、上なるところに存在しています。しかし私たちのエーテル体も魂も、この地上の世界に留まっています。そして地上からこの未使用の力を見上げて、この力が人間の心を正しい進化の方向に向けてくれていることを知るのです。大切なのは、上方に存在している力が、ルツィフェルとアーリマンの獲物になりかねないことを知ることです。下方で肉体の中に存在している魂は、自分の敬虔な気持ちをこの犠牲者のエーテル体に送り込まなければなりません。そうすることで、血が流れ、犠牲者が出、苦痛に充ちているところで生じた力が、どんな意味で人類の進化の中に流れ込むのかを知らなければなりません。

神秘学によるのでなければ認識できない事柄が、本当に多くの人の心に訴えかけることができるなら、人類進化の未来の方向に神秘学が関与するようになるでしょう。私は最後に、現在の運命的な日々に生じた言葉をもう一度皆さんの魂の前で述べようと思います。

戦う者たちの勇気から
戦場で流される血から
世を去った者の苦悩から
民族の供犠の行為から
霊の実りがもたらされる
霊を意識しつつ魂の感覚を
霊界へ向けて開け

II 死者の贈りもの

エーテル体とは

私たち人間は、この世においては、肉体を通して地上の諸事物と結びついておりますが、光と音と生命の織りなす「エーテル体（生命体）」は地上の諸事物だけでなく、宇宙の諸事象とも結びついています。そして人間の魂が霊界からこの世に生まれてくるとき、すでに予め、地球外の宇宙の中では、その人のために、エーテル体を合成する諸力が用意されているのです。

特に私たちの唯物論時代には、高慢と思い上がりから、親は子どもを自分たちだけで産むのだと、信じています。唯物論が普及するにつれて、親だけで子どもが産める、と信じる人がこれからもますます多くなるでしょう。しかし地上の人間は、霊的存在がそこに降りてくることのできるきっかけだけを用意するのです。親のやれることは、果てしない宇宙の彼方から、エーテル体が地上に降りてくることができるように、そのための場所を提供することだけなのです。このエーテル体は、肉体と同じように、合成された存在です。私たちは人間の肉体を頭、腕、手、胴その他、解剖学者や生理学者が教えるすべての中に見ています。しかし霊的に見ますと、この肉体はエーテル体に貫かれて、輝いています。

肉体は空気を呼吸しますが、エーテル体は光を呼吸します。光を吐いて、その光を私たちに分け与えますと、私たちはその光を受けて、生きていくのです。エーテル体が光を吸いますと、自分の中で光を消化し、その光を暗くします。そして、その暗さの中へ、宇宙の階音をかなでる宇宙音響を取り込み、更に宇宙生命を取り込むのです。

私たちが空気中の酸素を吸収して、それを炭酸ガスに変えるように、エーテル体が光を吸収して、それを闇に織り込みますと、その光が色彩となって輝き出るのです。エーテル体を霊眼で見ると、波立つ多彩な輝きとなって現れます。

エーテル体は、光の軌道を通って、人間の肉体に結びつきます。そしてこの軌道を作っているのは、星々の位相なのです。しかしこれについて詳しくお話しすることは、今はまだ不可能です。それをお話しするには、利己心をもっと克服できなければなりません。なぜなら光と宇宙階音の軌道を通って、エーテル体が人間の肉体に入ってくる神秘を、もし人間が今のままで知ったなら、恐ろしい仕方で悪用しようとする誘惑に打ち克てないでしょうから。

この秘密を人間の低次の衝動が自分のものにしたとき、子孫全体に対する無制限の権力が親に与えられる可能性がそこにひそんでいるのです。ですから光の軌道と宇宙階音の軌道の秘密は、これからも長い間封印され続けるでしょう。特別の条件の下でなければ、それについて少しでも知ることは許されないのです。

私たちのエーテル体は、肉体とは違った道を歩みます。私たちは、死の門を通過したあともなお、数日間はエーテル体を保持しますが、それからふたたびそれを宇宙へ返さなければなりません。けれどもそのエーテル体は、宇宙の中で像のような存在となって、死後から新しい誕生にいたるまで、次なる人生のために存在し続けています。

それだけでなく、私たち一人ひとりのエーテル体は、それぞれさまざまな条件の下で、さまざまな仕方で、宇宙に組み込まれているのです。不慮の災難で夭折した人と高齢まで生きた人とでも違います。境域の彼方の霊界においては、若い死も老いた死も、宇宙的な関連全体の中で、共にそれぞれ大きな意味をもっているのです。なぜなら私たちのどんなエーテル体も、死後もなお生き続け、それぞれの仕方で霊的に働き続けるのだからです。

霊的な考察を深めていけば分かるように、私たち人間は誰でも、基本的には皆同じ年齢なのです。肉体的には誰かが早く死去し、別の誰かは更に生き続けます。しかし霊的に見ると、基本的には私たちは皆一様に年をとるのです。

私たちが早く死にますと、私たちの肉体は早く崩壊しますが、しかしエーテル体は宇宙のために生き続けます。そして正に若くして死んだということによって、そのエーテル体は、遅く死ぬときとは異なる機能を宇宙のために果すのです。人間として肉体とエーテル体の中で生きる年月を全部数え上げれば、すべての人間は皆、ほぼ同年齢なのです。私たちがこの世で肉体を通して行う事柄と、エーテル体を通して、死後もなお霊界で行う事柄とをすべて合計すればです。

（『ゲーテと一九世紀の危機』第九講、ドルナハ　一九一六年一〇月二日より）

エーテル体をどう感じとるか

ベルリン　一九一五年四月二〇日

内と外の一致

この世の世界は、私たちの魂が変化するにつれて、これまでとは違ったように見えてきます。魂が霊的な体験をすると、物質界もまた霊的な側面を示すようになります。私たち自身が変化すると、感覚で知覚される周囲の世界もまた変化するのです。

もちろん周囲の世界とは、地球上の世界のことですが、その周囲の世界が私たち自身であり、私たち自身が周囲の世界であるかのように思えてくるのです。

私たちが霊的に進化を遂げると、私たちと世界（宇宙）がひとつになる、というのは、とても大切な体験です。世界を新しい眼で見るとき、いつも見ていた世界がまるでその人自身から生じたものであるかのように思えるのです。言い換えれば、私たちの内面世界、内的現実の世界が広大な世界になると同時に、これまで私たちを取り巻いていた地上の世界が生きはじめて、私たち自身がその中で考えたり、思ったりすることのできるひとつの本質存在になるのです。

私たちの内面世界が自分の中から大きく成長していくにつれて、それと同時に私たちの外なる世界も大きな世界に広がります。私たちはたちまち、地球という生きものの中に入り込み、その中で、いってみれば、私たちの指が意識をもって、私たちの生体の中で自分を感じとっているかのように、自分を感じるのです。

詩人の素質をもっているような、深い感じ方をする人は、しばしば、このような内と外の一致の体験を表現しています。朝の目覚めを外なる自然の目覚めと較べ、疲れを伴う眠りの欲求を沈む夕日と較べます。こういう比較は、自分が大自然の中で生かされている、という感情から生じます。しかしこういう比較だけではあまり意味があるとはいえません。なぜなら、かならずしも本来の事情を言い当ててはいないからです。

眠りと夏、目覚めと冬

事実に応じた仕方で、眠りと目覚めを外なる自然の経過と比較するのなら、これまでとは違った比較をしなければなりません。私たちの一日、二四時間の生活を、地球の一年の経過と比較しなければなりません。一年の経過を問題にするときはじめて、一日の中での睡眠と覚醒の経過と比較できるのです。一日の中の覚醒時を夏と比較するのではなく、睡眠時を夏と比較するのです。ですから外なる地球の生命のいとなみは、冬になると目覚め、夏になると眠るのです。

地球の生命のいとなみは、夏には眠っています。夏になると、地球は本当に睡眠状態に入り、地球の広大な意識は退きます。地球の霊は、春と共に眠りに入り、秋、初霜が降りるとき、目覚めます。地球の霊は、その時、目覚めた思考状態に入るのです。これが一年を通じての地球という霊的存在の一日の歩みなのです。

眠っているとき、その人の自我とアストラル体は、人体の外へ出ていきます。そうすると、生体の中で一種の植物活動が始まります。神秘学の立場から言うと、睡眠の最初の状態は、植物過程の始まりのように感じられます。睡眠中の身体は、植物の成長過程を辿っているのです。ただ身体の植物活動は、地球の植物活動とは異なっています。

地球における植物は、大地から成長します。人体における「植物」は、根を外にもち、人体の中へ成長していきます。ですから花は人体の内部に求めなければなりません。この人体は、つまり眠っている人の内部は、非常に美しいのです。その内部は、いわば地球そのものになって、芽生え、成長する植生がそこに現れているのです。

しかし、その時、その植生をそこなうものの見えます。アストラル体がその根を噛っているのです。動物界が夏の間に成長する植物を上から下へ食べ尽す一方で、私たちのアストラル体は実際に動物のように、生命の根を噛るのです。

もしもこのことがなかったなら、私たちが死の門を通って担っていくあの存在の核心を発達させることができないでしょう。アストラル体がこういう仕方で自分の中に取り込むのは、死の門を通って担っていく人生の成果なのです。私は見霊意識の前に現れてくる事柄を述べているのですが、冬になると、地球の霊が地上の果実の上を覆って、この地上の果実を凍らせ、霊界の中に持ち去るように、人間のアストラル体と自我は、目が覚めると、エーテル体と肉体の中に沈んでいき、夜の間に私たちの生体の中で霊的な植物として実らせるものを凍らせて、この世の世界の中に持ち去るのです。

地球の中に沈潜する

今私が述べた「地球の霊」というのは、本当に私たち自身と同じような人格をもった本性なのですが、ただ、私たちとは別の存在のあり方をしています。地球の霊にとっての一年は、私たちにとっての一日なのですから。

しかし私たちにとって、この地球の霊の内部には、ゴルゴタの衝動が現れています。ゴルゴタの秘蹟以前には地球に存在していなかった賦活力がその中に現れているのです。地球の霊の中のこの賦活力こそ、ゴルゴタの秘蹟を通して地球の霊が受容したものなのです。

指が私たちの生体に属しているように、私たち自身は地球に属しています。この事実に、私たちが本当に沈潜するなら、この事実が意識できるようになる筈です。私たちの時代を生きる人にとって、地球の中に沈潜するとは、地球の中を貫き、世界を霊化する神的なものの中に沈潜することに他ならないのです。ですから霊界を認識するとは、霊界を宗教的に感じとることなのではなく、反対に、今述べた意味で、ただ霊界の中に沈潜し、没頭することなのです。

以上、私は霊界に参入するとはどういうことなのかについて、示唆したいと思って申し上げました。実際、霊界を体験することに較べれば、日常の物質意識の中に現れてくるものは、仮象にすぎず、「内なる核心」にすぎないのです。

こういう言い方をしました。すぐにつけ加えなければなりませんが、普通ならこれは間違った言い方です。重要な諸事実を言葉にするというのは、容易ではありません。

霊的なものの場合、いろいろの関係が逆になっています。霊的な関係の場合、価値あるものは外にあって、殻であるものが中にあるのです。つまり、内なるものの中味は殻のようなものなのです。霊的なものは、空間的には包むものとして現れるのです。私たちが霊界への道を辿るとき、人間は複雑な存在だ、と実感させられます。私たちはすでに十分なくらい学んできましたが、先ず私たちは、肉体と共に物質界に属しています。魂と共に魂の世界に属しており、霊と共に霊の世界に属しています。私たちはこの三つの世界に関与しているのです。

霊界への道を辿るときの私たちは、実際、一種の多様化を体験します。これまで安心していられた統一体が多様化されてしまい、不安な気持ちにさせられます。自分はいくつもの世界に属している、という感情をもつのです。だからさまざまな観点に立たされるのです。そこで今日は、これまでの講義の中で繰り返してきた根本的な問題に立ち返って、ひとつの特別な観点から根本的な問題を取り上げようと思います。

記憶と表象と感情と意志

人間の内面生活は、いくつかの部分に分節化されています。死後、からだの働きから離れたあとでも、四つの部分に区別できるのです。第一に、記憶の根底にある力です。記憶の中で、以前の時間に体験したものが意識の前に甦ってきます。この思い出す働きのおかげで、私たちの生活の内部は互いに関連づけられ、それによって生まれてから死ぬまでの生活が統一されているのです。

第二の部分は私たちの思考、表象（イメージ化）です。今は思考、表象の問題そのものについて述べることはしませんが、表象活動は現在の中で進行します。第三は私たちの感情の働きです。

そして第四は意志の働きです。私たちが自分の内面を見てみると、その内面である魂は、思い出、思考、感情、意志となって現れています。

そこで次のように問うことができます。魂のこの四つの働きには、相互にどんな違いがあるのか。

現代の心理学は、この四つの魂の働きを区別しますが、そのそれぞれの本質を追求しようとはしません。しかしこの四つの働きのそれぞれの本質を問題にしない限り、真実には到りません。

そこで先ず気づかされるのは、私たちの魂の活動の中で、意志はまだ赤ちゃんであるということです。感情はもっと年が上です。思考は更に年上です。そして記憶の働きは、四つの魂の働きの中では最年長です。そこで以下のような観点に立つなら、事柄がもっと明らかになると思います。

これまで繰り返して述べてきたように、人間は地球上で進化しているだけではなく、土星紀、太陽紀、月紀を通って進化してきました。人間は地球上ではじめて生じたのではなく、現在の人間になるために、土星紀、太陽紀、月紀での進化を必要としたのです。けれども私たちの意志は、地球紀になって生じたので、意志の進化はまだ全然完結していないのです。意志は完全に地球紀の所産なのです。月紀での人間は、まだ独立した意志を持っていませんでした。天使が人間のために意志を働かせていました。意志は地球紀になってはじめて、いわば光輝いたのです。

一方、感情は、月紀には、すでに人間のものになっていました。そして思考は太陽紀に、記憶は土星紀に、人間のものになりました。そこで皆さん、今言いましたことを『アカシャ年代記より』や『神秘学概論』で進化に関して述べたことに結びつけて下さい。そうしたら、ひとつの重要な関連が見えてくる筈です。すなわち、土星紀に人間の肉体の最初の萌芽が生じ、太陽紀にエーテル体の、月紀にアストラル体の最初の萌芽が生じ、そして地球紀で人間自我が今形成されつつある、ということにです。

先ず記憶の働きを考察してみましょう。思い出すとは、どういうことなのでしょうか。私たちが体験してきた出来事のなんらかのイメージが魂の中に残っているのです。ちょうど私たちの読む本の中に、その本を書いた著者の何かが残っているようにです。私たちが本を手にとるとき、その中に記されているすべてを読み、すべてを考えることができます。——難解すぎてそうできないことがあるとしても、今はそのことを考慮に入れないでおきます。——思い出すとは、無意識の読書行為なのです。そこにあるものは、エーテル体が肉体に刻み込んだ記号なのです。皆さんが数年前に或る体験をしたとします。その体験から残されているものを、皆さんが今思い出すとすると、その記憶は、潜在意識を読書することと同じなのです。

エーテル体は、記憶を可能にするさまざまな記しを肉体に刻印づけています。そういう経過が生じるようになったのは、土星紀以来のことでした。実際、私たちの肉体は、そのような土星紀以来の肉体を担っています。その土星紀以来の肉体の中には、ひとつの力が含まれています。記憶したものを思い出すことができるように、外での体験を記しとして刻印づける力がです。

現在の人間が潜在意識の中で、この刻印づけをすることができるのは、生まれてからの七年間は、刻印づけをするべきエーテル体部分がまだしなやかさを保っているからなのです。ですから、例えば私の『子どもの教育』についての小著で注意を求めたように、子どもの記憶力を育てようとして、記憶力を酷使してはいけないのです。最初の七年間に注意すべきなのは、しなやかなエーテル体をそのエーテル体固有の力に委ねることなのです。幼い時のエーテル体は、酷使してはいけないのです。

ですから子どもには、できるだけたくさんお話しを聞かせます。でもその際にも、子どもの記憶力を人工的に育てようとしてはなりません。記憶力の育成は、子ども自身にまかせなければなりません。

記憶力は人間本性のもっとも古い魂の能力なのですが、思考と表象の根底にある活動は、太陽紀に培《つちか》われました。思考力も比較的古い魂の能力なのです。こんにちの人間の場合にも、エーテル体が思考独自の活動をいとなむことができるのは、太陽紀の力なのです。ですから、人間はなぜ思い出すことができるのか、なぜ考えることができるのか、という問いに答えようとするなら、宇宙の進化を遥かに、土星紀、太陽紀にまで遡っていかなければならないのです。

人間の感情を問題にするときには、月紀にまで遡る必要があります。そして意志を問題にするときには、地球紀における諸経過に眼を向けなければなりません。そうすることで、いろいろ分かることがある筈です。前生、前々生の影響を強く受けている人、しなやかさのある魂ではなく、はっきりと刻印づけられているような魂の持ち主の場合、多くのことが生体に押し込まれているのです。なんでも殆んど自動的に記憶してしまえるくらい記憶力のいい人は、そうだからといって、思考力を生産的に行使できるとは限りません。

ですから人間の記憶力は、特に肉体に基礎をおいています。思考力はエーテル体に、感情の働きはアストラル体に基礎をおいています。そして意志力は特に自我に基礎をおいています。人間は意志存在であるからこそ、自分に対して「私」と言えるのです。

存在の核心とカルマ

ただ考えているだけですと、人生は夢のようにしか過ぎていきません。私たちが現実と向き合うことができるのは、魂の諸能力が互いに有機的な関連をもっているからなのです。この内なる諸能力は、進化の過程で私たちの魂の中に組み込まれたのです。私たちの意志は、地球紀になってはじめて育成されました。月紀ではまだ高次のヒエラルキアに属する天使たちが、人間のために意志を働かせていました。ですから月紀での人間の意志は、高次の段階にありましたが、自分ではどうにもならない意志でした。地球紀における動物の進化段階に見られる意志のようにです。

動物は、自分の中でもえたぎり、沸き立つものに、どうしても従わざるをえないくらい、自分の種の本性の共通意志の中で生きているのです。

月紀において天使たちが私たちのために意志を働かせていたように、現在の天使は、私たちのカルマのために働いています。現在の天使は、私たちの意志の中ではなく、私たちのカルマの中で働いているのです。ちょうど月紀の人間が意志を、自分の意志ではなく、天使の意志であると感じたように、地球紀の人間であるわたしたちは、自分で自分のカルマを創っていると思っていません。天使たちがカルマを規制しているのですから。そしていつもは隠されているカルマの歩みは、私たちの意志が一度沈黙できたときにのみ、意識の表面に現れてくるのです。

人間の中に死の門を通って霊界へ入っていく核心が作られる、と申し上げましたが、この核心とは、私たちのカルマの担い手のことなのです。私たちの一人ひとりが明日行うであろうことは、今日すでにカルマとして、私たち一人ひとりの中に生きています。私たちがもしも地上で意志を発達させる使命をもっていなかったなら、私たちは自分のカルマを見通すことができたかも知れません。そして近い将来の私たちの運命を予見できたかも知れません。しかしカルマの必然の流れの中へ意志が介入することによって、私たちは次の日に自分の身に起こることを見通せなくなっているのです。意志が完全に沈黙したときにのみ、私たちを通して生じる事柄ではなく、私たちと共に生じる事柄が見通すことのできるものになるのです。

このことのひとつの例をあげてみようと思います。エラスムス・フランチスチという人物が述べていることなのですが、彼は若い頃伯母の家に住んでいました。その頃彼は或る夢を見たのです。或る男が、その名は夢の中で呼ばれましたが、彼に向けて銃を発射したのです。けれども彼（エラスムス）は射殺されずにすみました。彼の伯母が彼のいのちを救ったのです。彼はそういう夢を見ました。そしてその翌日、何事かが起こる前に、彼はこの夢を伯母に打ち明けました。伯母はこの夢の話しを聴くと、非常に不安になり、甥にこう言いました。ごく最近、近所の誰かが本当に射殺されるという事件があった、だから何も起こらないですむように、どうか家にいてくれ、と。それから彼女は甥にリンゴを保蔵している部屋の鍵をわたし、いつでもリンゴをとってきて食べてもいい、と言いました。それからエラスムス・フランチスチは自分の部屋に行き、机に向って本を読み始めましたが、ポケットの中の鍵のことが気になって、読書に身が入りません。とうとう立ち上がって、リンゴの置いてある部屋へ行こうとしました。彼が移動しようとするかしない間に、するどい発射音がひびき、銃弾がちょうど坐って読書していたときの彼の頭部を突き抜けたのです。もし彼がからだを移動させなかったなら、弾は確実に彼を射抜いたでしょう。隣りの家の従者が――その名は夢の中でエラスムス・フランチスチに向って叫んだ名と同じでした――たまたま二丁の銃の手入れをしていて、弾がこめられているのに気づかず、空射ちのつもりが実弾を発射させてしまったのです。もしもフランチスチがその瞬間からだをずらしていなかったら、間違いなく射殺されてしまうところでした。ですから夢は次の日に起きたことを正確に映し出していたのです。

この事件の場合、意志はまったく問題になりません。なぜなら、フランチスチには意志を働かせる余地がなかったのですから。彼は自分で自分の身を守ることはできませんでした。ただ、もっと生き続けることができるように働きかけるカルマの働きがあったのです。言ってみれば、カルマを生じさせる霊が救おうという思いを抱いたのです。この夢は、カルマを導く霊の予見だったのです。このカルマの霊は、次の日に起こることを予見したのですが、この若者の場合、いわば自然の瞑想（意図せざる瞑想）によって魂が一定の深まりを経験していたので、それによって夢が生じ、その夢が外的な生活の中の何かと較べられるような形をとって現れたのです。

皆さん、人間は誰でも、狭い範囲内では地上生活に関する予言者です。或る意味で、私たちはみんな、予言者なのです。なぜなら私たちはみんな、朝になれば、決まった時に明るくなるのを知っているのですから。今日野原に出かけた人は、あしたの野原の様子を予想できるでしょう。でも、予想できないこともあります。例えば、あしたその野原に雨が降るかどうかは分かりません。内面の問題に関しても、同じことが言えます。

人間は意志に従って生きていきます。そしてこの意志の中には、カルマが働いています。私たちが次に起こることをあらかじめふまえて行動しているように、魂の内的な深まりを体験している人の場合、まさに意志が沈黙せざるをえないような出来事のために、そのような夢が現れることがあるのです。

こういう事柄に時折眼を向けるのは、神秘学にとって重要なことです。なぜならこのことは、人間の内部に未来を指し示している何かが、通常の意識では見通すことのできない何かが生きている、と教えてくれるからです。カルマが沈黙する意志を通して現れるのです。

こういう仕方で魂の前に現れてくる事柄は、どんな事柄でも、人間は宇宙に属している、という、通常の意識では知ることのできない大切な事実を、「大きな錯覚」と思われている大切な事実を理解するのに必要なのです。通常の意識によっては、ただ殻の部分だけしか見えないのですが、その殻は、皮膚その他にすっぽりと包まれているのです。

しかしこの包み込まれた状態となって、人間に示されているのは、本来の人間の断片にすぎません。本来の人間は、宇宙と同じように大きいのです。

エーテル体を感じとる

私たちは通常、人間としての自分を外からふり返って眺めているだけですので、本来の人間をはっきり意識しておくためには、「人間のエーテル体」が人間の中に存在している、という感情を次第に身につけることが大切です。少くともこの第二の人間、エーテル体としての人間が物質体としての人間の中に存在していることが、通常の生活の中でも観察できなければならないのです。ただその場合は、人生を、いつもよりももっと精妙な仕方で観察しなければなりません。

考えてみて下さい。私たちが朝、のんびりとベッドに横になっているとします。まだ全然起きる気にならず、横になったままでいたいのです。起きる決心がなかなかつきません。私たちは自分の中にあるものだけを助けにかりようとしても、それだけでは起き上がれずにいます。ところが、長いこと待ち望んでいた何かが、隣りの部屋にあるかも知れない、と思いつくのです。隣りの部屋にある何かへの思いが湧いてきます。そうすると、この思いが小さな奇蹟を生むのです。この思いが、私たちをベッドからとび起こさせるのです。その時、何がおきたのでしょうか。

私たちが朝、目覚めと共に肉体の中に沈んでいくとき、肉体を通して私たちは自分を感じとります。しかしこの感じは、私たちの中に起き上がろうという思いを生じさせるのには役立ちません。私たちがエーテル体を外にある何かを通して動員しますと、そのエーテル体が独自の動きを始めます。その時私たちは実際に、私たちの肉体にエーテル体を対置させます。そしてそのエーテル体が私たちを捉えますと、私たちはベッドからとび起きるのです。

私たちは自分に対して、特別の感情をもつようになります。二つの種類の自分の態度に眼を向け、その二つを区別しようという感情をもちます。一方の態度は日常の雑事に応じる態度であり、もう一方の態度は、内的に能動的な態度です。この二つの態度の区別は、そうしようと思えば、いつでも否定できるくらいに精妙なものなのです。

私たちは、自分の感受性を正しい方向に向けるために、自分の人生をしっかりと見すえなければなりません。霊界への道は決してすぐに見出だせるものなのではなく、次第に、この世からそこへ昇っていくのです。

私たちはこのようにして、認識を深めながら、霊界と出会います。私たちが肉体という道具によって手に入れたこの世の人生、生まれてから死ぬまでの人生から去ったときに、自分がその一部になる筈の霊界と、すでに今ひとつに結びつくのです。私たちが死の門を通っていくと、高次の認識を通して開示される世界と非常によく似た世界に参入します。そしてその時、限りなく重要なことを知らされます。すなわち、私たちはその時、死後の世界の中で、ちょうどまっくらな部屋で明りが必要になるように、死後の世界の中で、今、この地上において魂のもっとも内密な奥底で生長しているものが必要になるのです。

地上の生活は決して単なる牢獄なのではありません。私たちが死ぬということは、自然の成行きです。もちろん私たちは死んでから新たに生まれるまでの間も生きています。生と死を含めた人生全体のどの部分の中にも何か必要なもの、何か新しいものがあるのです。今のこの世の人生は、死後の私たちに松明《たいまつ》のように照らすものを与えてくれるのです。そのおかげで私たちは、死んだあと、ただ霊を生きるだけではなく、認識を深めつつ、死後の人生を光で照らしつつ、生きるのです。死後の私たちを明るく照らしてくれる光は、死から新たな誕生までの間、いわば光り続けてくれるのです。

このことは、いつも心にとめておかなければなりません。まさにこのような時代だからこそ、できるだけ多くの人が、このことを心にとめておかなければなりません。すなわち、この地上の世界における私たちの肉体の中の霊的なものこそ、死後の霊界での生活を照らし出す焔の働きをしてくれるのです。今、人類の一人ひとりが通っていかなければならない困難、困窮こそが、魂の働きを深めるために役立っているのです。だから私たちの魂の故郷への憧れが、私たちの魂の奥底から生じてくるのでなければなりません。

どうぞ、今私たちが生きているこの時代の中で、その憧れが生じますように。そうすればきっと、一人ひとりの魂がこう言えるようになるでしょう。――「人間とは、私たちが普段そう思っているような、からだをまとった小さな存在とは、まったく違った存在なのだ。」

どうぞ、私たちの日々のきびしい体験が、魂の感受性を深めるために役立ってくれますように。私たちの時代に霊学を学ぶことの必要を意識しつつ、そして私たちの時代のきびしさそのものが魂の感受性をふかめているのだと意識しつつ、以下のマントラで今日の考察を終りたいと思います。この考察を、あまり期間をおかずに、またこの地で続けることができたらと思っています。

戦う者たちの勇気から
戦場で流される血から
世を去った者の苦悩から
民族の供犠の行為から
霊の実りがもたらされる
霊を意識しつつ魂の感覚を
霊界へ向けて開け

死の門を通っていった人の経験

デュッセルドルフ　一九一五年六月一七日

霊的な認識と死後の認識

霊的な認識に際しては、概念、理念を理論として理解するだけでなく、概念、理念を私たちの魂の内奥の衝動にすることが何よりも大切です。

確かに私たちは先ず、霊的認識の成果を学ぶことから始めなければなりません。しかしその学習は、私たちの魂に変化を生じさせることができなければなりません。通常の学問で概念を学ぶときには、その概念を適用することが世界におけるあれこれの事柄に関して正しい、とあとで確認できるような学び方をします。けれども霊的認識における概念と表象は、私たちの魂を根底からゆさぶり、私たちの感性に浸透していくようでなければなりません。ですから、概念、表象によって世界を別様に見るだけでなく、別様に感じ取れるようになるのでなければなりません。霊的な認識がなければ不可能な生き方を身につけるのです。

こんにちの私たちは、困難な時代を生きています。私たちは生きる上でもっとも重要な問題、死の問題に日々接しています。或る人は身近かに、別の人は直接目の前にです。まさにそういう時代だからこそ、感情によって、認識の実を現わすことができなければなりません。時代の出来事が身近かに迫ってくる時にも、その出来事に対して他の人とは違う態度で向き合うことができなければなりません。或る人にはなぐさめが、別の人にははげましが必要です。しかし、私たちはなぐさめとはげましを、霊的認識の中に見出だせなければなりません。それが見出だせたときはじめて、私たちは霊的に認識することの意味を正しく理解したと言えるのです。

私たちは霊的な認識を学ぶことによって、私たちの魂を大きくゆり動かすことができなければなりません。魂に激震を与えるのです。さまざまな事柄をそれまでとはまったく違った仕方で感じとるためにです。

どうぞ、死の謎についてこれまで私が述べてきたことを互いに結びつけ、関連づけて下さい。そうすれば、今日はこれから、以前の考察を繰り返すだけでなく、以前の考察に新しい認識をつけ加えようとしているのが、分かっていただけると思います。

私たちは今、死について、別の仕方で考えることを学ぶだけではなく、別の仕方で感じることを学ばなければなりません。死の謎は、もっとも深い世界の謎なのですから。

どうぞ理解して下さい。私たちは死と共に、物質界で知覚し、認識してきたすべてを、そして外界を経験する手段のすべてを、脱ぎすてるのです。物質界において、私たちは感覚を通して世界についての諸印象を作ります。しかし死後、霊界に入っていくときは、そのような感覚器官を脱ぎすてます。感覚する力をもはや所有しません。すでにこのことが、超感覚世界について考えるときには、感覚を通して考えてきた時とは別様に考えなければならない、ということを証明しているのです。

夢の体験

私たちは、生まれてから死ぬまでの通常の人生の中にも、霊界での体験と似たものをもっています。それは夢の体験です。夢は、私たちの感覚による体験ではありません。それにも拘わらず、感覚生活を思い出させる形象から成り立っています。私たちはこの夢の像の中に、死から新しい誕生までの間に現れてくるイメージの現れ方の一種の弱い反映をもっているのです。

死後の私たちは、もちろんイメージを知覚します。体験が形象となって浮かび上がります。感覚世界の中で、例えば赤い色を見て、この赤い色の背後に何があるのか、と思うときには、その背後には、何か空間を占めている物質的なものがある、と思います。霊界においても赤い色が現れますが、その背後には、通常の意味で物質の印象を与えるものがあるのではなく、霊的=魂的なものが存在しているのです。私たちが自分の魂の世界だと感じるものが、赤いものの背後にあるのです。

だからこうも言えます。——私たちは、色の感覚内容を通して物質世界の中に降りていき、イメージ内容を通して霊的世界の中へ昇っていく、と。

しかし『神智学』の新版の中で強調したように、このイメージ内容は、物質世界の感覚印象のように、外から私たちに向かっては来ません。イメージ内容は霊界に確かに存在しているのですが、内から体験内容として現れてくるのです。赤も青も、そこでは内的な体験内容なのです。

このイメージ内容を赤とか青とかと言うのは正しいのですが、物質界における感覚印象とは違って、内面的なのです。私たちは内的な仕方でそういう赤や青と結びついています。私たちは外界で咲いているばらの赤い色の外にいます。霊界の赤い色の場合、私たちは自分がその赤い色の中にいるのを感じます。私たちは赤い色とひとつになっています。

私たちが霊界で赤いものを知覚するときは、或る霊的存在の強い意志を自分の中に働かせているのです。意志が力を発揮すると、その働きが赤になるのです。私たちがそういう意志の中に自分を感じるとき、当然のようにそのときの感情を「赤い」と言うのです。ですから物質上の色は、霊界の意志の凍りついた体験なのだ、とも言えます。霊界を理解しようとするのでしたら、多くの分野で、別様に思考し、私たちの表象に別の価値と意味を与えることができなければなりません。

次にはっきりさせておかなければならないのは、霊界におけるイメージ内容、例えば赤い色となって現れるイメージ内容と霊的存在そのものとの関係は、物質世界における赤い色と物質存在との関係のようなものではない、ということです。ばらの花が赤いのは、ばらの花のひとつの表れです。しかし霊的存在が近寄ってきて、赤い色を放射している、と思えるときの赤い色は、ばらの花の赤い色がひとつの表現であるのと同じ意味で、霊的存在のひとつの表現なのではなく、霊的存在の一種の内面の開示なのです。霊的存在が霊界に記しづける一種の文字なのです。

ですから私たちは、まずイメージ内容を見通さなければなりません。そのとき私たちのなすべきことは、物質界におけるアーリマンの特性とも言うべき「読むこと」と比較されうるようなことなのです。

感覚内容を読む

つまり、私たちは、ばらの花が赤い色をしているのを見て、その色がばらの花のひとつの表現であると思いますが、霊界における赤い色を見るときは、ただ見るのではなく、読み解くのです。知的にあれこれ余計なことを詮索するのではなく、私たちの魂がおのずと、音声や文字の意味をききとり、読み解くのです。霊の働きが赤い色になったり、青い色、緑色になったり、または嬰ハ音や嬰ト音になったりするとき、私たちはその色や音と対話し、読書するのです。地上の文化は、霊界において深い叡智を示しているこういう事柄を、外の世界に移植したものなのです。

　オカルト的な読み方とは、霊界に現れるイメージ内容を読み解き、それによって色だけでなく、感覚印象と似たその他の印象を通しても生きている魂たちの存在を、その根底まで洞察することなのです。

　霊界におけるこういう純粋に魂的＝霊的な活動は、正しい進歩を遂げつつある霊的本性たちの指導の下にあります。しかしこの物質世界では、アーリマンが今述べた事柄の模像を生じさせているのです。物質世界において文字を読むのは、このオカルト的な読み方をアーリマン的に模倣していることなのです。人工的に作られた文字を読む行為は、すべてアーリマン的な行為です。印刷術の発明は、アーリマン的な芸術です。ですから印刷術を「黒魔術」であると感じるのは、間違っていません。

　その場合、何らかのやり方で、ルツィフェルとアーリマンの魔手から逃れられるなどと、信じてはなりません。ルツィフェルとアーリマンは、外的な文化の中にしっかりと根を下ろしているのですから。

今、私たちにとって大切なのは、バランスを保ちながら、人生をルツィフェル側とアーリマン側とに、絶えず切り変える道を見出だすことなのです。アーリマンと接触したくないのなら、読み書きを一切学んではいけないことになります。アーリマンとルツィフェルから逃げることなどできません。大切なのは、この両者と正しい関わり方をすることなのです。この両者の力の働きから逃れられないとしても、その力と正しい仕方で向き合うことならできます。

私たちの中に生きているキリスト衝動に従って、人生のどの瞬間にも、キリストについて行こうとする霊的な思いを保ち続けるなら、読むことに何の問題もありません。むしろアーリマンが読むことを可能にしてくれたことを知って、このアーリマン芸術に感謝しつつ、読むことが私たちのカルマにとって正しいことなのだ、と納得するでしょう。もしもこのことが見えなければ、私たちはアーリマン文化の進歩と栄光を、例えば読むことの進歩と栄光を、ただ讃えるだけですますことになってしまうでしょう。

しかしこういう事柄には義務が伴いますから、その義務を守らなければなりません。こんにちの時代には、あれこれのことを擁護したり、非難したりするために、いろいろな主張がなされています。戦争に関しては山のように文献が出ています。毎日パンフレットが配られ、書物が出版されています。しばしばこんな記事も読まされます。――この国には文字の読めない人がこれだけいる。あの国には読み書きできる人がこんなにいる、などなど。

こういうことをすぐにうのみにするのは、神秘学を学ぶものの態度ではありません。例えば私がこんにちの時代に関して、或る民族の欠点を指摘して、その民族にはこんなに多くの読み書きできない人がいる、と述べたとするなら、私は神秘学の問題に正しく向き合ってはいません。オカルト的な義務に従って、責任のもてる事柄だけを述べるのでなければなりません。

こういう一例からでも分かっていただけると思いますが、霊的認識を志す人は、この世の人生の中に入っていって、義務を果たさなければならないのです。霊的認識を志す人が他の人たちも言うようなことを言うとしたら、それは義務に従って言っているのでなければなりません。このことが大切なのです。

霊的認識と無縁な人にとって、神秘学の語ることは、しばしば奇妙に思えるでしょう。そして神秘学は黒を白と、白を黒と言いくるめる、と思うでしょう。実際、そういうことにしばしばならざるをえないのです。通常の言葉で霊界のことを語ろうとすると、いろいろな概念がそのままでは通用しなくなるのです。

感覚体験と死の体験

この点で、私たちが物質世界の印象を通して身につけなければならない、もっとも重要な、そしてもっとも謎めいた概念のひとつは、死の概念です。

物質世界を生きている私たちは、死を、いつでも一方の側から見ています。死ぬまでのこの世の人生の側からです。つまり肉体が人間本性のより高次の部分から抜け落ちて、物質世界の中へ解消していくまでの人生の側からです。この世にいて死と向き合うときの死は、ひとつの側面から見ている死なのです。別の側から死を見ると、つまり反対の側から見ると、死は根本的に違って見えるのです。

誕生時に物質生活の中に入ってきたときの私たちは、まだ物質意識のクライマックスには達していません。人生の最初の数年間の体験は、通常の物質的な意識では、思い出すことさえできません。誰も生まれた時のことは思い出せずにいます。自分はどのようにして生まれてきたか憶えている、と主張する人はいません。自分の誕生のことを思い出せないというのは、物質的な意識の当然の在りようなのです。生まれた時だけでなく、その後の数年間のことも思い出せません。

生まれてから死ぬまでの物質生活の中で自分の人生をふり返るとき、私たちは一定の時点までは思い出すことができますが、それ以上にまで遡ると、記憶が途切れてしまいます。その途切れる時点は、誕生時ではなく、もっと数年あとの時点です。自分が生まれたことは、経験上知っているのではなく、ただそう推察しているだけなのです。私たちのあとでも人びとが生まれており、その誕生を眼で見ることができるので、自分もそのようにして生まれてきたのだ、と推測するのです。自然科学者は、見ることのできるものしか認めない、と主張します。しかしこの原則に従う限り、誰も自分の誕生を主張できません。見霊能力による以外、自分の誕生を知覚することは不可能なのですから。ただ誕生したことを推理することしかできないのです。

死を体験するときは、それとまさに正反対のことが生じます。死から新しい誕生までの全生活を通じて、死の瞬間が最高に明るくて、生きいきした印象となって、死者の魂の目の前に立っているのです。

ですから死の瞬間の体験は、苦悩を伴ったものではないのです。皆さんはきっと、死者もまた、死を物質界で思うときと同じように、崩壊であり、没落であると思っている、と信じていらっしゃるでしょう。しかし死者は、死を反対側から、死者の側からふり返って見ているのです。そしてその死を、霊界における、すべてに優って、最高に美しいものと見ているのです。霊界で体験することのできるものの中で、死の眺め以上に美しいものは存在しないのです。死、すなわち物質に対する霊の勝利、暗い物質の闇の中から魂の霊光を輝かせる瞬間、この死の瞬間を見ることは、死から新しい誕生までの彼岸においては、見ることのできるもっとも意味深く、もっとも偉大な体験なのです。

エーテル体を脱ぎすてた死者の自我とアストラル体が、次第に死後の意識を完全に発達させていくとき、――そのときは死後それほど長くはかかりません――、そのときの人間は、物質界における時のようには自分と向き合っていません。物質界での人間が眠るときは、自分に対して無意識になっています。そして目がさめると、自分は自分である、自分の中に「私」が働いている、という意識を取り戻します。死後の霊界においては、事情が異なります。自我もしくは自己に意識して向き合う点では、朝、目覚めと共に自分のことを意識するように、霊界においてもそうします。けれども死者にとっての自己意識とは、死の瞬間を意識することなのです。死者はいつでも、死から新しい誕生までの間、自分の自我を知覚するとき、「お前は死んだのだ」、と確認しているのです。

そしてそう確認することは、非常に意味のある、重要なことなのです。その時の死者たちは、肉体に対する霊の勝利をふり返って確認しているのですが、死の瞬間を回顧するときのその眺めは、霊界において体験することのできる、もっとも美しいものなのです。

そしてこの回顧の中で、死者は霊界における自分の自己に出会います。この目覚めると言ったら、一面的になってしまいますが、この出会いは、自分に対する意識化です。自分の死を回顧することで、自分を意識化するのです。ですから大切なのは、死後の意識で――死後に現れる意識で――死の瞬間を回顧し、それによって、その時見るものを、ただ夢想するのではなく、完全に

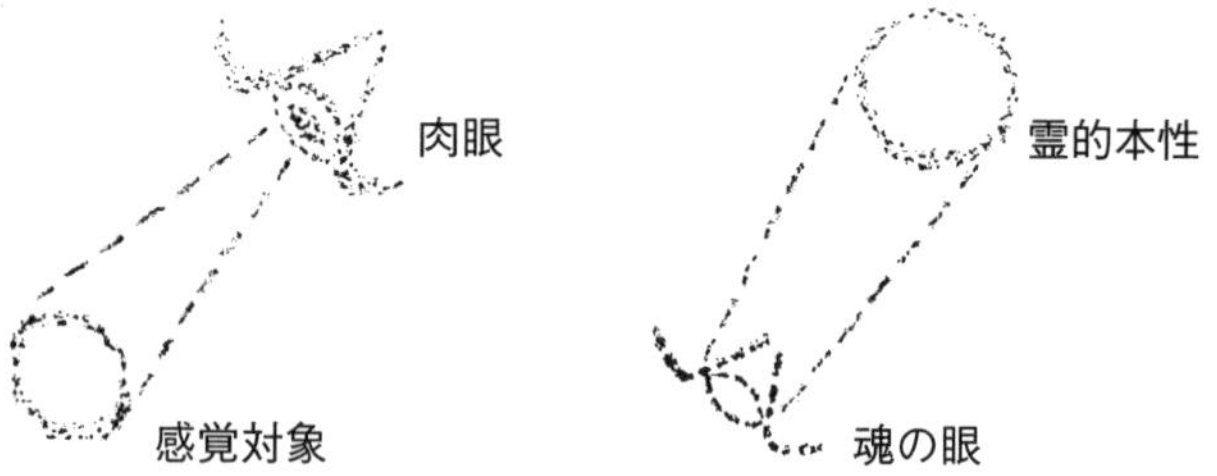

理解するのです。そうする可能性を人間がもってい る、ということが大変重要なのです。

そして今、私たちは、すでにこの世で、自己認識を学ぶことで、その準備をすることができます。特に私たちの時代からは、自己認識に努めることが必要なのです。基本的にすべての神秘学は、その準備のための自己認識を提供することのためにあるのです。神秘学は、人間の拡大された自己への導きなのです。人間は、この自己を通して、全宇宙に属しているのです。

すでに言ったように、意識は死後、この地上世界におけるときとは違った在り方をしています。死後の意識がどうなっているのか、図にあらわすとしたら、次のようになります。

見ることと見られること

ここに私たちの眼があり、ここには対象が、私の外にあります。さて、対象が外にあることを、何によって私たちは意識するのでしょうか。対象が私たちの眼に印象を与えることによってです。対象が私たちの眼に印象を与えます。そして私たちは対象について何ごとかを知るようになります。対象は外なる世界にあって、私たちの感覚に印象を与えます。そうすると私たちは、対象についての表象を作ります。私たちの外にある対象によって、私たちは表象を作るのです。

霊界においては異なります。図に示すには、こうするしかないので、神秘学の言う「魂の眼」を、正しい仕方だとは言えませんが、こう描かせていただきます。

死後の人間のこの魂の眼は、例えば天使や霊界にも存在する別の人たちの魂を、物質界で花を見るのと同じように見るのではありません。ここでは霊界における人間の魂のことは考察しないでおきますと、魂の眼が高次のヒエラルキアの或る本性、例えば天使に向き合うとき、「私は自分の外にこの天使の存在を見る」という意識をもつのではなく、「私は天使の存在に見られている。天使が私を見ている」という意識をもつのです。

物質界とは逆なのです。死者が霊界の中で生きるとき、高次のヒエラルキアの存在たちに対して、自分たちがこの存在たちに認められている、この存在たちが自分たちのことを考えている、という意識をもつのです。死者たちは、自分がこの存在たちの中に取り込まれている、と感じます。認識ということから言うと、死者たちは天使、大天使、人格霊に把握されていると感じます。

ちょうど鉱物界、植物界、動物界がこの世を生きる私たちによって把握されているようにです。

霊界において他の人間たちの魂と向き合う時は、死者たちがその魂たちに見られることがあるだけでなく、死者たちがその魂たちを見ていることもありえます。死者たちも見ているし、他の人間たちの魂も見ているのです。高次のヒエラルキアのすべての存在たちに対しては、死者たちはその存在たちに認められ、思考され、表象されていると感じます。そしてそのように認められ、思考され、表象されることによって、死者たちの魂は霊界の中にいるのです。

次いでこうなります。死者たちは魂の存在として霊界をさまよっています。物質界をさまようようにです。しかし更に死者たちは、高次のヒエラルキアの本性たちと結びつきをもつような感情をいたるところでもちます。物質界で鉱物界、植物界、動物界と結びつきをもつようにです。ただ死者たちは、繰り返して、自分は自己を保っている、という思いを忘れてはなりません。そのために自分の死を回顧して、「これはお前だ」と言うのですが、これが死者の持続した意識の土台なのです。意識を持続したものにしているのです。

今日お話ししたことは、皆さんが連続講義や書物から受けとって下さったさまざまな表象内容に重要な補足を加えてくれると思います。例えば『神智学』でより概念化して述べた事柄よりも、もっと魂に即して述べています。魂によって直観されたときはじめて、そもそも霊界に対して持たねばならぬ感情が、持てるようになるのですから。

死者への語りかけ

ですから、私たちに求められているもの、死と新しい誕生との間の人生のために今必要とされているものは、自己認識なのです。このことは、最近あらためて、亡くなられた友人たちの火葬に際して何度もお話しする機会が与えられたとき、特別強く感じとれました。そういう時いつも痛感させられたのは、死の門を通っていった人の性格、その人の自我と深く関わっている事柄について語ることの大切さでした。なぜ霊感や直観が、死者たちの本性と関係のある事柄を死者たちに向って呼びかけさせるのでしょうか。その理由は死者たちの死後の生が示してくれています。

死者たちの自己認識の力を強めるものが、その人たちの助けになっているのです。死者たちが自分の中に感じる性格、性質について、私たちが、意識のまだ十分に目覚めていない死んだ直後の死者たちに語りかけることによって、この死者たちの中に必要とする力が流れ込むのです。生前この世で発達させた死者たちの本性が集中して現れる死の瞬間を回顧し、そして直視する可能性を少しずつ獲得していくために、死者たちは、この世の私たちからのそのような力を必要としているのです。

ですからもし私たちが、まさに死の直後の死者たちに、死者たちの生前の諸特性、諸体験などを思い出させることのできる力を流し込むなら、私たちは死者たちのために非常に役に立つことができるのです。死者たちが自己認識の力を強めるのに、非常に役立つことができるのです。

もしも私たちがそのような死者の魂の思いを感じとることができたなら、まさに死の直後の死者たちは、生前の自分がどうだったのか、何を体験してきたのか、どんな性質をもっていたのかを知りたいと強く望んでいるのが分かるでしょう。

私たちはその時強く感じとるでしょう。——この世の人生は、どんな人も他の人と同じではなく、みんなそれぞれ異なる人生を過している。そして死の門を通っていった人たちも同じなのだ、と。死と新しい誕生との間のどんな魂の生き方も、他の魂の生き方と同じではないのです。私たちが観察することのできるどんな魂の生き方も、それぞれひとつの新しい啓示なのです。ですから私たちは常に、一人ひとりの特別の特性をその都度知らされます。私は明後日、ケルンでこの問題を、或る特別の場合を例にあげて、語るつもりです。

しばらく前、私はドルナハでかなり高齢な協会員の訃報に接しました。この方は仕事に熱心にはげんでこられ、後年になって、すでに長い間、この上なく深い魂をもって私たちの霊的世界観をみずからの心に深く刻みつけたのです。最後には感情の力で私たちの世界観と一つになっておられました。お分かりのように、死の門を通った人は、先ず肉体から離れますが、まだしばらくはエーテル体を身につけています。そしてそれからエーテル体を脱ぎすてます。

それから次第に、死から新しい誕生までに身につけなければならない意識を獲得すべき時期が来ます。人間は、死んだ直後は、エーテル体の中にいます。そして自分の生前のことを一大画面の中でふり返ります。

この時期には、その人の魂の中に、いくつかの激しい衝動が突然立ち現れます。まさにこの時点で、重要ないくつかの衝動が生前の時とはまったく違った仕方で現れるのです。この世を生きている間は、肉体に拘束されていますが、死ぬと、ただちに、肉体の重圧が克服され、魂の衝動を見えなくさせていた力が克服されます。死後のこの時期には、まだエーテル体を担っているので、生前の思い出がまだ失われないでいます。生前の思い出がイメージの世界となって現れます。そしてそこには生前のイメージだけでなく、特別に強力な衝動も含まれているのです。

さて、魂が生前霊的な衝動を感情の内奥にまで浸透させていたなら、その魂はこの衝動を、死の直後、エーテル体がもはや肉体に拘束されていないので、生前よりははるかに強力な仕方で生かすことができます。このことは特に、先程述べたような人物の場合に、見てとることができます。あの人物は、先程述べたように、霊的な衝動を、死の直後に、魂の中から流出させることができました。もちろんこの人物は、生前は、そのことをはっきり言葉にしたりはしませんでしたが、死の直後は、エーテル体がまだ存在しているので、それを言葉にすることができたのです。この人物はまだ有効に働くエーテル体を保っていましたから、神秘学から学んだ事柄を魂の言葉で表現することができたのです。

死者からの語りかけ

私はその数日後の火葬に際して、以下の言葉を語ることができましたが、この言葉は、私からではなく、この人物の魂から響いてきたのです。

遥かな宇宙の果てにまで
私の思いを運んでいきたい。
聖なる力の発する焔の中で
心が更に熱くなれるように。

宇宙思考の中で
私の思考を存分に働かせたい。
思考が永遠に生成する光の中で
更に明るく輝けるように。

魂の根底の中に

私の帰依の思いを沈めたい。
人間の真なる目標に向かって
更に生きていけるように。

神の安らぎの中に包まれながら、
この世の困難を生き抜きながら、
私の自我を
高次の自我へ向かわせたい。

働く喜びをこの世の中で感じながら
自己の中に宇宙を予感しながら
人間の義務を
果たしていきたい。

そうすれば私は
希望を失わずに生きていける。

霊の領域で私の居場所を教える
運命の星に導かれながら。

死後の思いを語っているこの言葉の中には、生前神秘学によって培《つちか》われた心が生きています。

このあと、すべての死者が通っていかなければならない時期が来ます。この時期は死者の眠りの時期と言われることがありますが、そう言われるのは、エーテル体を脱ぎすてて、霊界の中にいきなり入っていくので、霊界の力の横溢の中で目が眩んでしまうからなのです。死者は霊界のことがよく分からないので、先ず自分のもってきた力で霊界に適応しなければならないのです。

死後の人間は、あまりにも多くの未知の事柄を経験させられますので、そして意識は失われていませんので、そのひろげられた意識を生前自分が獲得できた能力の範囲内に調整できなければなりません。そうできたときはじめて、自分の居場所を知り、霊界で本当に生き始めるのです。

死後しばらくして意識が目覚める、という言い方が正しくありません。死者はあまりにも多くの意識をもち始めるので、自分の担える範囲内に意識を調整しなければならない、と言う方が正しいのです。これが霊界における新たな目覚めなのです。

先程お話しした人物の死後の魂も、エーテル体を脱ぎすてたあと、霊の光を受けることに耐えられなくなる時期に来ましたが、この魂はすでに十分な力を身につけていました。そのことは私が読み上げた言葉からも見てとれます。この魂の力は霊的認識によって培った感情と意志に次第に浸透されていったのです。

こうしてこの魂は、死後しばらくして、霊の光を受けるに耐えうる意識をもつことができました。そういう魂がその時体験することをすべて述べようとしたら、この新たな目覚めの時期からのことを詳しく述べなければなりません。しかしすべてをお話しすることはできませんので、ひとつの重要な体験だけに話を集中させなければなりません。それは私たちの運動に関わりのある体験です。

死後の人びとの魂は宇宙と結びついていますから、その魂たちは私たちに大切なことを教えてくれます。特に今述べているこの死者の魂のように、私たちにとって身近な魂からは、非常に多くのことを学べます。

私が先ずはじめに知ることができたのは、この人物の魂が、霊界を生きるにふさわしく意識を調整したあとで、私たちの集まりに参加してくれている、ということでした。今も本当に、私たちの集まりに参加してくれているのです。

今年のドルナハでの復活祭に参加してくれたことは、はっきりと私の心に刻印づけられています。この復活祭の折に、私たちは復活祭の思想の深まりを友人たちと共有することができました。あのとき、この魂が参加してくれていました。かつて、生前、この魂が熱い思いをもって参加してくれていた時と同じように、今、魂だけの存在となって参加してくれたのです。そしてこの魂は、何人もの人が、肉体をまとっているときにも、死者から受けとったものを語りたいという要求をもっている、と語ってくれました。そしてこの魂はあの復活祭の集まりのときに、私たちの復活祭での講義を一緒に聴いた思いを、以下のような言葉にしてくれたのです。この言葉は、死後において経験したことのひとつの補足のようです。今、私の意識の中から甦えってきたその補足は、次の言葉です。――

私は人びとの魂の中に
霊の感情を送りたい。
その感情が人びとの心の中に
復活祭の言葉を思い出させるように。

この魂は、生前私たちの神秘学運動の中で結びついていた人たちと、更にこれからも共に結びついていたい、と思っているのです。そしてその人たちにあらためて伝えたいのです。みんなと一緒に復活祭の言葉を心に深くとめている、ということを。今回の復活祭での講義によって試みられたのは、「復活した方」の存在をみんなが深く心の中に感じとることができる、ということでした。そのことを次の四行で示してくれたのです。これは、本当に美しい、そして深く心に染み入る言葉です。

人びとの思考の中に
霊の力で
魂の熱を送りたい。
その熱で復活した神が
感じとれるように。

霊的認識と死者の魂

今回の復活祭での講義やその時行ったその他の諸講義の中で、私たちの霊的認識がこの世の人たちにとってだけでなく、全宇宙存在にとっても意味がある、ということに注意を向けていただけるように努めました。死の門を通っていった人たちは、この地上での霊的な努力を、共に体験してくれています。ですから私は、私たちに愛を向けている死者たちに霊的な教えを読んだり話したりすることを、これまで多くの人にすすめてきました。実際、神秘学が言葉にしている事柄は、この世に生きている魂たちだけでなく、肉体から離れた魂たちにとっても、大きな意味をもっているのです。

死者の魂にとって、その言葉は生命の風のように、生命の水のように、体験されるのです。あるいはまた、こうも言えます。死者の魂は、私たちこの地上に生きている者たちを通して、光を受けとっている、と。この光は、私たちの場合には、まだ象徴的な言葉にとどまっています。なぜなら私たちは言葉を聞き、それを思考内容として私たちの魂の中に取り込むのですから。けれども死者たちは、その言葉を本当に霊の光として受けとるのです。

さて、重要なのは、協会員だったあの死者の魂が、言葉通り、こう言おうとしていることなのです。

地上の霊智の言葉の焔が
死の影に
光を投げかける。

この死者の魂にとって、これは象徴ではなく、事実なのです。この魂はこう言おうとしているのです。――「あなたたちが下で語っている言葉は、焔のように、上に光を投げかける。」「地上の焔」とはそういう意味です。
「死の影に光を投げかける」というときの「死の影」とは何でしょうか。よく考えてみると分かりますが、この魂はこう言っているのです。――「地上の人びとは地上の世をマーヤーであると言う。地上は感覚の影の中にある、と言う。しかし今、死の国にいる自分も影の中にいる。影の中で存在を見なければならない。」

地上の霊智の言葉の焔が
死の影に
光を投げかける。

そしてこの三行に、力強い言葉が加わります。

自己が宇宙の眼となり耳となる。

この魂は、自己そのものが今、力強い感覚器官になり、全宇宙のための知覚器官になる、と言うのです。こういう美しい言葉でこの死者が語っているのは、神秘学の語る事柄が真実であることを、どのようにして分かったのか、ということです。この魂は、死んだ直後にこう語りました。——「今私は、地上で学んだ事柄が正しい、とやっと分かるところまで来た。」

私自身にとってこの言葉が貴重なのは、この言葉があの人物の死後しばらく経って、その数週間後に、響いてきたからでもあるのですが、しかもそのすぐ前、その二、三週間前にも、私の心を納得させてくれる別の出来事が生じました。

今次の大戦で私たちの運動の仲間が、まだかなり若かった息子を失いました。この息子は自分から志願して従軍して、戦死されたのですが、生前、最後に神秘学に関心をもち始めたところでした。一七、八歳の時、その彼が戦場で倒れたのです。

しばらく後に、この若者の魂は——そして今戦場で戦い、いのちをおとした多くの魂たちにも言えることなのですが——死後すみやかに意識を取り戻して、両親のところへ行ったのです。そしてこう語ったのです。——「今お父さん、お母さんに、分かってもらいたいのですが、私が家で何度も聞いたことのある霊の光のこと、霊的存在のことは本当なのです。私が家でそのことを聞いていたことが、今私の役に立ってくれます。そのことをお伝えしたかったのです。」

私が今このことを申し上げるのは、何か特別のことだ、と言いたいからなのではなく、地上での生活と霊界での生活の関連がどういうものなのかを示してくれている言葉だからなのです。或る支部で行った講義のあとで——その時私は自分の中に響いた今の言葉を書き留めたのですが

――私は今述べた若者の両親のところへ行って、この若者が両親のところへ行って、このことを両親の魂に語った夜のことを話しました。そうしたらお父さんがこう話してくれました。――「不思議ですね。とても不思議な夢を見たのです。その同じ夜、死んだ息子の夢を見ました。あの子が私のところに現れて、何か言おうとしていたのですが、聞きとることができませんでした。」

こういう話をすると、私たちの運動の外にいる人たちに不快感を与えることになるでしょうから、できたらここだけの話にしておきたいのですが、こういう事柄に具体的にかかわることも、私たちにとっては大事なことだと思います。なぜなら霊界に由来する経験を一つひとつ積み重ねることで、私たちの知識は作られるのですから。

肉体の体験のように霊界を体験する

私たちが霊界について具体的なイメージを持つためには、霊界についての美しい理論を知るだけにとどめるのではなく、こんにちの知的な人が感覚世界における体験について語るのと同じように、霊界について語るのを拒否しないくらいに、神秘学を生きいきと私たちの魂の中に持ち込めるのでなければならないのです。

そうできたときはじめて、霊的認識は正しい意味で私たちの心の中に生きてきます。そしてそうなるためにも、認識が私たちの中で、十分に生きていなければなりません。単なる教義にとどまるのではなく、認識が生命を獲得するのでなければなりません。霊的認識とは、ますます強大になっていく唯物主義の生み出す深淵に橋を架けることなのです。生まれてから死ぬまでの間、私たちがその中で生きている物質的＝感覚的な世界と、死んでから新たに生まれてくるまでの間、私たちがその中で生きている霊的な世界との間のこの深淵に橋を架けるのです。

大切なのは、次のように思えることです。――死の門を通った人は、別の生命形態をもっている。だから死後とは、人生の諸事件を通して遠い国へ移っていった人のいるところなのだ。死者とは、私たちがあとからやっと辿りつくことのできる遠い国へ、先に移っていった人のことなのです。ですから私たちが辛く、悲しいのは、別れている間のことでしかありません。かならずふたたび出会えるのです。

このことは、信念として、生々しい仕方で感じとれるのでなければなりません。どうぞ皆さん、個々の具体的な事実だけから、死後についてのイメージを作ってみて下さい。個々の事実だけでも、死後の人生の存在を納得させてくれる筈です。人びとの持っている死後の世界への信仰は、実際、盲目的な信仰心でも権威信仰でもなく、むしろもともと生まれたときから人間の魂にそなわっている根本的な生活感情なのです。

今私たちの生きている時代は、日々、この運命的な戦いの最中にあって、人生を深めていかなければならないと教えています。誰に戦争責任があるのか、誰があれこれのことをしたのか、そういう議論をする代りに、これまで人びとが行ってきたよりもはるかに魂を深化させるように、そういう警告として、この戦争を考察するようになればいいのですが。

時代のもっとも深刻な諸事件を、これまでも取り上げてお話ししてきましたが、私が一貫して言いたかったのは、不幸な諸事件を知れば知るほど、霊的認識を通して、私たちの表象、概念を作り変えることを学ばなければならない、ということでした。

戦争をどう表象するか

死という特別大切な問題についての今日の考察につけくわえなければならないのは、戦争をどう表象するかです。霊的な観点からでも、戦争は、進化のためのひとつの病気のようなものだと考えることができます。確かに戦争はひとつの病気です。しかし考えてみて下さい。病気になったとき、その病気をただ否定するだけでは、病気に正しく向き合ったことにはなりません。病気の原因を知らなければなりません。すなわち、戦争になる前に社会の混乱、不調和が先行していたのです。体内の不調和に対処するために、病気が生じるのです。死病にとりつかれるときにも、そう言えます。人は直接霊界に入っていけなくさせるような不調和を、自分の中にもっています。霊界は、地上を生きる人にとって、あまりにも長い間、霧につつまれたような、漠然とした存在であり続けました。そして直接霊界に持っていけないような不調和が心を支配していました。だから死ぬ前に病気になったのです。病気が魂を不調和から解放して、霊界に入っていけるようにしてくれているのです。

そして治ることのできた病気は、以前の諸人生のカルマを通して、多分数千年、数百年に互るカルマを通して生じたものを清算するのに必要な病気だったのです。

ですから子どもが例えばはしかにかかったとき、こんな病気にかからなければよかった、と言うべきではないのです。もしもはしかにかからなかったら、その子の身にどんなことが起こったか分かりません。子どもの内部に深くひそんで、清算されるのを待っていたものが、表面にあらわれて、はしかになったのです。

同じように、戦争のことを考えるときにも、血と鉄の中で遂行されねばならない悪だけを見るのではなく、文化の長い時の経過を通して生じてきた事柄をも見る必要があるのです。さまざまな関連への考察を深めること、私たちは今、このことを学ばなければなりません。

戦争が終ったら、この戦争について考察し反省する時代が来るでしょう。その時、「このものにも罪がある」「あのものにも罪がある」というような、さまざまな空虚な言葉が行きかうことでしょう。しかし多分、かなり長い年月が経った後で、人びとは今とはまったく違ったことを言うようになるでしょう。その時には、次のように言う人たちも出てくるでしょう。――「これまでのような仕方で歴史を研究していたら、外交文書の中にあれこれの記述を発見するだけだ。そういうやり方で歴史を研究して、その成果を客観的に評価したつもりになっていても、なぜこの戦争が生じたのかを解明したことには決してならない。」

そう語る人は、外的な諸原因を超えて、霊的な認識を必要とするような、より深い諸原因を知ろうとするでしょう。

時代に対する誠意と責任

今は残念ながら、暗示することしかできませんが、まさに今回の戦争勃発に際して、いろいろな場所であれこれのことが生じました。そういう出来事に際しては、意識が主役を演じたのではなく、何らかの無意識的な働き、外的な出来事の地下での働きが主要な役割を果たしていたのです。ですから、歴史家が主要な原因と見做しているような事柄ではまだ十分ではありません。まさにこういう出来事に際して、これまでの歴史の方法では問題は全然解明されないことが分かるのです。このことは、もっと深い諸原因を問題にするように、という警告でもあるのです。

最近の私の講演では、ほとんどいつも、一種の警告を終りにつけ加えなければなりませんでした。ですから今回もそうさせていただきたいのです。

神秘学によって世界認識を学ぼうとする魂は、責任感を大切にしなければなりません。今は唯物主義が世界を支配している時代なのですから、こんにちいたるところに見られる表面的な判断が、私たちの判断になってはならないのです。こんにち世界のいたるところに見られるのは、国と国との間の表面的な憎しみです。私は何度もこのことを、各地の協会での講義の中で申し上げました。そのような憎しみで私たちの感情を満たすことなどないとしても、それだけではまだ十分とは言えません。なぜなら神智学協会からも不当な態度をとるように、言われているのですから。神智学協会は神智学徒たちに、すべての宗教は同じである、と教えています。

このことは、食卓上に塩、胡椒、砂糖、パプリカなどの調味料が同じように並んでいる、と言っているようなものです。たしかにみんな同じ調味料ですが、それぞれ特徴をもっています。コーヒーに胡椒を入れるのと砂糖を入れるのと、同じでしょうか。

同じ真理の核心がすべての宗教の根底に存在する、と語るときにも、同じ言い方がされています。この言い方は、偉大な宇宙の進化をその細部に亙って考察することを無意味なことのように思わせています。なぜなら、同じ真理の核心がすべての宗教の根底に存在する、という命題ですませることができるのですから。

しかしこの点に関しては、私たちはすでに、表面的な判断から解放されています。つまり、愛をもってすべての国民的な特徴に理解を示すことは、誠心誠意或る特定の立場に立つ態度を妨げてしまってはならないのです。この点では、すべての友人が同じ立場に立つことなど、不可能なのです。

しかし問題はここにあるのではなく、大切なのは、私たちの魂が外的な世界の立場を超えて、さまざまな民族魂の特徴に理解を示すことができるように努めることです。

しかし私たちは、しばしば辛い経験をさせられます。現在のきびしい運命的な諸事件は、外的な唯物主義の表面的な判断よりもずっと深く、ずっと根本的な態度で現在起きている事件に向き合うように、と促していますが、そういう促しを自分のことだと思わない人が多いのです。ですから私は、私たちと運動を共にしてくれている魂たちが、私たちの心を深くゆさぶり続けている現在の諸問題に対して徹底的に意識的な態度をとることを、願わずにはいられません。今はいろいろな問題に対して、徹底的に意識的な態度をとることが必要な時代なのです。

人間愛をもって時代に向き合うなら、いたるところで心に血が流れるような出来事に出会います。そしてその一方で、不健全な、唯物主義という、アーリマンのとりこになった世界観に従った多くの考え方、見方が、時には最善の意志を伴って普及しています。ですから今洪水のようにあふれている唯物主義的な戦争文献を前にして、私たちはあらためて文化の進歩のための思想を深めようと努めなければなりません。

私たちの講義の中では、個々の民族の実際の立場に眼を向けることによって、このような試みをしています。今問題なのは、唯物的に表面的な態度に徹底して対決することです。例えばこの数週間に、私たちはとても注目すべきことを経験しました。或る書物が国外で出版されました。ドイツ語で書かれた書物ですが、ここでその本のタイトルを口にする気にもなれません。ドイツ人の手で書かれたもの、と主張されています。

はっきり申し上げますが、私たちは、どんな立場であろうと、その立場を理解しようと努力することができます。何ごとかを主張しようとするのなら、どんなに反ドイツ的な立場であろうと、その主張に耳を傾けることができます。その立場の側に立たなくても、その立場を理解することならできる筈です。しかしこの本の場合、始めから反ドイツ的立場に立って書かれており、どの行にもドイツ精神、ドイツ文化に対する憎悪が記されているのです。でもそれが問題なのではないのです。毒をもって書かれている、ということでさえ、理解することは可能です。けれども、どんな人も私たちのところに来て、「ドイツ人がこの本についてこう語るのはよく分かる。この人はもともとドイツ文化が嫌いなのだから」、と言っても、そんなことは通用しません（註 Dr.jur.Richard Grelling:『Jáccuse, Von einem Deutschen』3Aufl. Lausanne 1915）。

問題が別のところにあるのですから。少しでも内面の正直さ、内面の真実さを感じとることのできる人なら、こう思わざるをえないでしょう。——「これは最悪のとんでも本の最悪の模造品である」と。

立場がどうこうと言う以前に、この本は書物として、裏階段でこっそり売るしかないようなしろものなのです。でたらめを並べ立てて、それをさも深刻そうによそおっています。ですから立場ではなく、少しでも考えることのできる人なら、恥しくて書けないような書き方をしているのです。

それにも拘らず、この本は、そのタイトルは特別の理由から口にする気になれないのですが、この本は読む価値がある、という評価を聞いたことがあります。しかしこういう本が一度世に出た以上は、私たちが関心を外に向けて開いておくべきである以上、それに対してはっきりした判断を下すことにおそれを抱くべきではありません。この本の中のいくつかの文章の内容を肯定できたとしても、こういう本をまともに受けとる必要はないのです。なぜならこの本はおぞましい悪意の産物なのですから。こういう悪意はまじめに受けとらなくてもいいのです。真実さえも、おぞましい仕方で、最大の悪意で、そして無作法な仕方で、語られることがありうるのです。

今私がわざわざこういう例を引きあいに出すのは、霊的認識を学ぶ人が、世界について判断しようとするとき、いろいろなことに注意を向ける必要があるからなのです。

或る書物を、それが悪意をもって書かれていても、良書であると思えるとしたら、その人の心は霊的な感情を生きいきと働かせていないのです。霊的認識は決定的な意味で、私たちの感情と思考の中に浸透させなければなりません。そういう具体的な衝動を自分の魂の中に生かすことが大切なのです。

そこで告白させていただきますと、ドイツを旅行して特別安らぎを与えてくれたのは、大きな勝利のあとでさえ、おそろしい歓喜の叫びを耳にすることがなかったことでした。どの人の魂にも、途方もない喪失感が痛みとなって感じられていたことでした。

私にはこのことが良く納得できます。大げさな歓声が響くのであってはなりません。なぜならこの私たちのきびしい運命的な日々は、おそろしい犠牲を要求しているだけでなく、多くの人びとに途方もなく大きな傷を、認識上の傷も含めて、与えているのですから。

ですから私たちが神秘学上の重要な問題を考察するとき、どれほどの責任が私たちの魂に課せられているか、折にふれて思い起こすことが大切です。そのためにも私たちは、若い、みずみずしいエーテル体の働きが、体内の奥で、感性と能力を発揮しようと出番を待っている人と出会う時を待ち続けなければなりません。

この戦争が終わったら、死の門を通っていった人びとの使い果されていない、みずみずしいエーテル体が働く時代が来るでしょう。その人びとは、みずからの犠牲行為によって、人類の霊化のために働く力を発達させたのです。戦後の時代には、その力を受けとることのできる魂たちがいるに違いありません。その魂たちは、生きいきとした感性をもって、若くして死んでいった人たち、今は霊界にいて、そこから人類の霊化のための力を地上に降り注いでいる人たちを仰ぎ見るのです。

この考察の最後にここでも大切な言葉を、私たちの心にひびかせたいと思います。

戦う者たちの勇気から
戦場で流される血から
世を去った者の苦悩から
民族の供犠の行為から
霊の実りがもたらされる
霊を意識しつつ魂の感覚を
霊界へ向けて開け

死者からの呼びかけ

ケルン　一九一五年六月一九日

死は人生の場面転換

一昨日は、デュッセルドルフ支部での講義の中で、死の門を通過したときの人生体験について若干の考察を行いましたが、その時申し上げたかったのは、西洋における精神の進化が次第に死を克服する認識を獲得するように、死を人生の一種の場面転換なのだと認識するように、という願いでした。

もちろん、唯物主義に支配されたこんにちにおいては、死は、人生の終わりであるとしか思えません。昔はそうではありませんでした。なぜなら昔の人は、古代の夢幻的な見霊能力のいくらかを身につけていたからです。この夢見るような見霊能力は、霊界での体験と結びついていました。その頃の人びとの魂は、霊界の中でも意識を保つことのできる体的本性の中に受肉していましたから、死は、私たちの時代の死のように、決定的にいとうべき現象ではありませんでした。死が決定的にいとうべきものである、という受けとめ方は、もしも神秘学が開示すべき認識を私たちの時代に次第に有効にしていかなければ、ますますゆるぎないものになっていくでしょう。なぜなら現代人は、私たちが学んでいる神秘学が、神秘学そのものとしてというより、人間の体験全体にとって、重大な意味をもっているなどとは、頭から信じていないのですから。

霊的認識の困難

神秘学を学んでいる私たちの多くはこう言います。――「われわれは二つのことを実現しようと願っている。第一に神秘学の教えを知的に学習する。第二に『いかにして超感覚的世界の認識を獲得するか』に述べられているような霊的認識の方法を実践することで、この世を生きている間に霊界を知覚できるようになろうとしている」と。

けれどもその中の何人かは更にこう言うでしょう。――「少数の人だけが、カルマによって、この人生の間に、意識して霊界に参入することが許されているように思われているが、本来誰でも神秘学上の規則を実践すれば、そこまで行ける筈である。けれども霊界にいることを自覚することは、霊界に参入すること自体よりも、はるかに難しい。たとえ誰かが実際に霊界にいたとしても、多くの場合、自分が今いるところを本当に意識できるように、体験内容に繊細で内密な注意力を向けてはいないのだ。『いかにして超感覚的世界の認識を獲得するか』に述べられている規則を実践する人は、誰でも、比較的短い時期に、みずからの自我をもって霊界に参入するようになる。しかしそのことを自覚するのはとても難しい。」

このような思いに対して、繰り返して強調しなければならないのは、神秘学を知的に理解することは、みずから霊界を霊視することに依存してはいない、ということです。何度も申し上げてきましたが、霊界の諸事実を語るためには、もちろん霊視しなければなりません。しかし霊視されたものは、外的、唯物主義的な偏見に曇らされていなければ、知性によって受け容れ、理解されることができるのです。

唯物主義の時代の偏見から自由になっている、と思い込むだけではだめです。確かに私たちは、知的には、唯物主義の時代の偏見から自由になっています。そういう立場に立って私たちは真剣に、霊的な運動に関与しています。唯物主義の偏見から自由でありたいと心の奥底から願っているのでなければ、誠実な態度でこの霊的な運動に関与しているとは言えません。

けれども、私たちの思考習慣の中には、唯物主義の偏見が底の底までこびりついています。唯物主義的な偏見そのものというよりも、そういう偏見に類した何かがどこかにこびりついているのです。私たちが開かれた思考能力を発揮させることができないのは、そういう唯物主義的な偏見、唯物主義的な世界観と無縁ではありません。私たちの時代が知性や論理を頼りにしていればいる程、多分学問上、文化上の最先端に立つ人であればある程、知性や論理の可能性を狭めているのです。

私たちの時代は、思考のすべての可能性を求めていません。もし人びとが思考の可能性を完全に求めているなら、霊的認識の可能性をも理解できる筈なのです。完全に透徹した思考なら、霊的な問題を無視することはできない筈です。もちろん全体としてです。個別的なところでは、神秘学者はいろいろ過ちをおかします。そもそもどんな人でも、過ちをおかすのです。

思考のマンネリズム

私たちの時代がどれほど透徹した思考を求めていないか、いくらでも例をあげることができますが、最近の例をひとつだけあげてみますと、ある非常に影響力のある人物の言った言葉が語りつがれてきました。あるドイツのジャーナリストは、この言葉を繰り返して引用しました。その人物がこう言ったというのです。――「戦争は別の手段による外交の延長である。」

現代の意味で思考する人にとって、戦争は外交の延長である、というのは、まったく論理的に思えます。もちろんこの言葉を述べた人物の偉大さを否定するつもりはありません。この人物が言いたかったのは（註プロイセンの将軍カルル・フォン・クラウゼヴィッツの『戦争論』一八三二のこと）、諸民族は互いに外交交渉を続けることで、相互の問題を調整する。しかしその調整がもはや先へ進めなくなったとき、その時戦争がその調整の続きをやる、という事実でした。この意味での発言なら、どんな人をも承認させることができるでしょう。しかし、思考を十分に働かせるなら、ジャーナリズムによってこういう判断がいかに一面的な仕方で取り上げられているかが分かる筈です。なぜなら、一方的に引用された言葉は、例えばこう言うのと、まったく同じことになってしまうからです。――仲の好い二人の人がいた。多分とても愛し合っていた。ところが互いにけんかを始めた。だから例えば、こう言うことが可能です。――けんかは愛の延長である、と。

たしかに外から見ると、けんかは愛の延長です。しかしけんかが愛の延長であると分かったからといって、けんかの本質が分かったことにはなりません。同じ意味で戦争を問題にするとき、戦争は外交の延長だ、と言ったからといって、戦争について何も語ったことにはなりません。そういう意味で、こんにちという時代は、一面的な判断を非常に重要なことのように思わせています。何も特別のことを言っていないような判断が、わざわざ取り上げられて、横行しているのです。

そうかといって、こういう判断がいつも無意味だというわけでもありません。非常に有益な意味をもつこともありえます。けれども私たちの世界観を共有している人たちは、外的な生活について、マーヤーのヴェールをすこし持ち上げてみる必要があるのです。もちろん、新聞の三面に出ているような判断に対して、少しも非難するつもりはありません。なぜなら、そこにも、みのりのある判断があるのですから。けれどもその判断を透徹した思考で吟味してみるなら、判断の正当性に関して、奇妙な内的経験をさせられるでしょう。つまりこんにち、新聞のほとんどの紙面にも、「われわれは勝利する。勝利しなければならないのだから」、という言葉が載っています。

先程言いましたように、この判断の正しさ、この判断の価値と意味について反対するつもりはありません。しかし、もしも流れの向う側へ行かなければならない誰かが、流れの前に立って、「私は泳ぐ。泳がなければならないのだから」、と言うとしたら、その判断の正しさは、その人が泳げるかどうかにかかっています。そういう場合、泳ぎのできない人が「向うまで泳いで渡りたい。泳がなければならないのだから」、と言ったときのその判断の間違いを、私たちは透徹した思考で証明してみせることができます。それでは一体、こういう判断にも、価値があるのでしょうか。

皆さん、大きな価値があるのです。なぜなら、そこには力が、勇気と決断があるからです。それが意志の中に浸透しているからです。この判断は意志を激励する判断なのです。何かを認識する判断なのではなく、意志を鍛える判断なのです。このことによって、判断が意味深い、大切なものになりえます。こういうことを誤解しないで下さい。事柄の本質を洞察する透徹した思考は、それ自身のためにのみ通用するような思考とは違うのです。でも私たちの時代においては、関連を見失った唯物主義的な思考習慣が横行しています。

神秘学の語る事柄を私たちの判断力で吟味しようとしますと、判断が狂ってしまいます。本当に健全な、正当な思考を働かせるなら、たとえ霊界を見たことがなかったとしても、神秘学の語るすべてを洞察することができます。見霊能力がなくても、健全な思考を働かせるなら、神秘学の敵になる人などいなくなる筈です。神秘学の敵になるのは、その人の魂の中に、まったく別の理由が存在しているからです。そういう理由のひとつは、次のようなものです。

物質界を知覚するときは、肉体とエーテル体とアストラル体がいつも一緒に働いています。この肉体とエーテル体とアストラル体は、土星紀、太陽紀、月紀を通して、長い間、宇宙の歩みを共にしてきました。そして神的ヒエラルキアの力によって人間に与えられました。こんにちの私たちのこれら三つの体は、過去の進化の過程で今のようになったのです。

人間はこの世に生をうけると、長い間準備されてきた世界の中に身を置きます。物質界という知覚の世界のすべてのものが、人間を支えてくれます。そのような中で、知覚し、表象する度に、その内容が私たちの肉体の中に刻印づけられます。私たちはそのことを何も知らずにいますが、肉体に刻印がおされるのです。なぜ私たちは、この世で記憶を保っているのでしょうか。その理由はこの刻印づけにあるのです。このことはしっかりと表象できなければなりません。私たちはなぜこの物質生活の中で記憶をもっているのか。その答えは、われわれが表象を作る度ごとに、印象が肉体に刻まれるからなのです。

この印象は、多少なりとも人間に似ています。私たちの作るどんな表象も、唯物主義的、空想的に思考する人が思っているように、脳のどこかに印象を与えるのではなく、人間全体に印象を与えるのです。

私たちの作るどんな表象も、その都度人間の頭部と胸の上部にその印象を形成し、刻印づけています。私は今、皆さんに向って話をしています。多分一分間に百の音節（シラブル）を声に出していますます。その時この一分間に皆さんは、急速に自分の中に相前後して、五〇人の人間を作り出し、そして急速にその五〇人の像を消しているのです。急速にその交替を繰り返しているのです。

そこで考えてみて下さい。この講義の時間が過ぎたとき、皆さんはどれ程多くのそういう人間像を作り出しているでしょうか。この無数の人間像は、多少なりとも人間の外見に似ています。しかし、似ていないとも言えます。一つひとつの人間像は互いに完全に同じではないのです。どれも他のものとは違うのです。その違いがどんなにわずかであってもです。

今日外界の印象をもち、明日それを思い出すとしますと、この印象がなんらかの仕方でその人の中に生き続けていたに違いない、と思うとしたら、それは子どもっぽい表象です。その印象は生き続けるのではなく、人間に似た姿、つまりファントムになって、人間の中に留まるのです。

本当に、外界のどんな印象からも、人間に似た像があとに残るのです。そして明日ふたたびその印象を思い出すとき、皆さんは自分の魂を皆さんの中のこの人間像の中に移すのです。

なぜ明日この人間像を見ないで、印象を思い出すのかというと、皆さんが自分のアストラル体の中のこの人間像を読んでいるからなのです。それはまともな読書活動、識域下の読書活動なのです。何かを書き留め、あとでそれを読むとき、字母の一つひとつを考えるのではなく、字母が表現している言葉の意味を読みます。そのように、皆さんは読むことで今日体験したことを明日思い出すのです。自分の中に生じた像を、自分の中に生きている人間ファントムを、見るのではなく、読んで解釈するのです。

この人間ファントムの中に身を置く魂は、この人間ファントムとはまったく違ったものを体験するのです。皆さんの魂は、昨日体験したことをもう一度体験するのです。私たちはそのことを特に不思議だとは思っていません。なぜなら、今日ゲーテの『ファウスト』を読む皆さんは、何を手にしているのでしょうか。特定の厚さの紙面とその上に記されているインクの文字です。紙と印刷文字から私たちの魂の中にゲーテの『ファウスト』の全体が浮かび立ってくるように、明日になって思い出すとき、私たちの中に留まっていた人間ファントムから今日の印象が浮かび上ってくるのです。

思い出すのに必要なこの働きは、土星紀、太陽紀、月紀に私たちのために用意されたものによって、つまり私たちの奇蹟のように見事に形成された肉体、エーテル体によって、可能となったのです。肉体とエーテル体は、この働きを私たちのために可能にしました。唯物主義的に思考する人も、このことを感じとっています。

考えてみて下さい。或る瞬間に悟る霊的な真実は、外的な肉体の助けを必要としない仕方で、この助けなしに、直接獲得されます。その場合、いつもは肉体の中で働いている力が魂の内部から生じて、魂の内部で働くのです。外なる世界から得た印象ではなく、霊的な直観によって生じたものを思い出そうとするときは、内なるファントムの中に入って読むことができませんから、その場合、私たちははるかに強い力を通して、ファントムの支えなしに、事柄全体を内部から苦労して再現しなければなりません。

このことは、日常の小さな経験の中にも反映しています。一編の詩を読むときのことを考えてみて下さい。そして今日読んだ詩をノートにうつして、明日ふたたび読み、その次の日も読むときのことです。しかしその人がその詩をノートしておかなかったら、記憶力を頼りにして再現しなければなりません。この違いに注意して下さい。一方では私たちのために、外にある紙が今日から明日へ、明日から次の日へ詩を担ってくれます。私たちは紙という支えをもっています。当の詩を魂の中から再構築しなければならなくなると、私たちの苦労ははるかに大きくなります。

自己認識は死後意志の力に変る

それと同じように、霊界の中で生きる人は、肉体の支えに頼ることのできる人よりもはるかに内的に、意志の力を働かせなければなりません。霊的認識には、紙の助けを借りないで努力する時のような努力が必要なのです。すなわち、神秘学のすべては、魂の大きな努力が必要なのです。神秘学を研究することの方が、唯物主義に留まるよりも、はるかに努力を必要とするのです。

唯物主義者は、論理によって唯物主義に強制されるというよりも、魂の中で行われるすべてを魂の内的な力によってではなく、体内に記されているものによって行うことを望んでいるのです。

なぜ神秘学を否定する人がいるのかを考えるときも、以上のことをふまえて考える必要があります。達成すべき何かを達成しなければならないとき、思考でそれを行うのは、非常に困難なのですが、死の門を通っていくときには、いずれにせよ、思考でそれを達成しなければならないのです。

すでに一昨日、死の門を通っていくときの本質的な体験に触れました。それは「自己認識」だ、と申し上げました。もちろんこの場合も自己を認識することは、決して容易ではありません。ここにいらっしゃる何人かの方はお聞きになったことですが、人はしばしば人体の外的形姿についてさえも、とんでもない誤謬に陥っています。かつてウィーンにマッハという著名な哲学者がいました。ハンブルク在住の神智学の批判者であるマークのことではなく、真剣に問題にすべき哲学者エルンスト・マッハです。彼には『知覚の分析』という著作があります。その中で彼はとても客観的な立場に立って、次のように述べています。——私は或るとき、道を歩いていて、急に足をとめた。或る人物に遭遇したからだが、その時こう考えたのだ。何ていやな顔をしているんだろう。我慢できない。でも何としたことだろう。私は鏡の前を通りかかったのだ。すぐにその姿が私であることに気がついた。そして自分が自分の姿にまったく無関心だったことにも気がついた。

自分自身の姿を鏡の中に見出だしたとき、彼はその姿が不愉快で、耐えがたい顔をしている、くしましなまな生とっもをとこの時のそはいて働いていさせるように、別のときのこともつけ加えています。――彼が大学で長らく教授として働いていた或る日、非常に疲れて、或る街にやってきました。そしてバスに乗り込みました。その時、向こう側からも別の男が乗り込んできました。彼はこう思ったのです。みじめな教師づらをした奴が乗ってきたな。しかしこの時も、反対側に鏡があったのです。それで落ちぶれた教師風の男が自分だとすぐに分ったのです。彼はこの本の中でこうつけ加えています。自分の姿というよりは、特定の類型の姿がはっきり意識できた、と。

確かに自分の外観を正しく認識するのは容易ではありません。女性の皆さんならもっと鏡の前に立つことが多いでしょうから、多分自己認識がもっと容易でしょうけれども。しかし男女を問わず、魂に向き合うときは違います。

私たちの時代にみずからの魂を認識するには、認識するための力を霊的認識によって鍛える以外の可能性はありません。神秘学から学んだ概念と表象は、私たちの自己認識を鍛える上で最高に役立ってくれます。『神秘学概論』から学べるすべては、そもそも自己を認識するためにあるのです。この本から受けとれるすべての表象は、自分自身のことを知り、人間とは何なのかを知ることを目指しています。人間の肉体、エーテル体、アストラル体が土星紀、太陽紀、月紀を通して次第に進化していった事情を学ぶことで、私たちは自分という存在の本質を知るのです。人間としての私たちを、そもそも人間というものを、学ぶことを通して、私たちの表象する力を鍛え、そして個人としての私たち自身を、他のどんな学問によるよりも、より深く認識できるようにするのです。

それでは一体、この自己認識は、死の瞬間にとってどんな意味があるのでしょうか。私たちがこの世で肉体の中に滞在している限り、自己認識はまさに認識です。しかし死の門を通っていくと、私たちの獲得した自己認識はすべて、意志の力に変ります。私たちが自分のことをよく知っていればいるほど、肉体を脱ぎすてたとき、意志の力がますます強くなっていくのです。

一例をあげるなら、私たちが今、自分のことをふり返って、自分は激しい人間だ、と思っているとします。ところが皆さんもお分りのように、この地上生活の中で自分の中の激しさを変化させ、激しさをなくすのは、至難のわざです。けれども肉体を脱ぎすてた瞬間に、お前は怒りっぽかった、すぐにかっとなった、と思っていたその自己への思いが、意志に変るのです。そしてその意志が自分の怒りっぽい性格をなくさせるのです。どんな認識判断も、死の門を通ることによって、意志判断に、意志の力になるのです。その時、或る非常に重要なことが生じます。回顧できないで、忘れていた誕生以前の諸体験が、死後に逆転した形で生じるのです。

考えてみて下さい。木星紀に生じるであろうことが今の私たちの身に起こったとします。つまり、すでに現在、私たちが木星紀の人間のように、霊界からふたたびこの世に生まれてくるときに、自分の未来の姿を見るとするのです。実際に自分の未来の身体が見えたとするのです。けれどもその時の私たちに、途方もないことが生じます。二つの点のように現れてくるものがあるのです。考えて下さい。生まれてくる時の、いわば霧の中からのように現れてくる私たちの姿なら、光のように見てとれます。しかしその姿の中に、意味不明な黒い点、黒い球が現れるのです。誕生よりずっと以前から、いくつかのものが見えていますが、はっきりと黒い球が現れてきます。

木星紀になると、誰でも、肉体の誕生よりずっと以前から、いわば空間においてではなく、時間において、「お前はこのような存在になる」と言えるような姿を眼前に見ています。形態霊の存在の中から自分の肉体が形作られるのを、すでに見ています。肉体が多かれ少かれ光の姿で現れるのですが、その姿の中に、意味不明の二つの黒い球がいわば漂ってくるのです。木星紀の人間は、物質生活を母親の胎内で始めるとき、母親の用意するこの母胎という環境から、特定の力を受けとり、次第にこの光の姿と結ばれるのを感じ、更にまるで自分がこの二つの球の中にはまり込んでしまうかのように感じます。それまでこの二つの球は、浸透できないように見えていいましたが、今自分がその中にいるのです。そしてあらゆる方向からやってくる力を感じ、その力を自分の中に感じとるのです。

そのとき人間は、この二つの球の空間の中に、するりと入り込むのです。そしてこの二つの球、つまり眼球を通して、外界が見えるようになるのです。こうして地上に生まれてくる前には無でしかなかった知覚内容が、まさに自分を見ることのできないもの、しかし外なら見ることのできるものによって、つまり眼によって、まさに外なる知覚の対象になるのです。しかしその眼は、はじめは、入り込めない球のように現れ、私たちはそこへ向っていき、そして物質世界に生まれてくる前の最後の段階で、この二つの球の中にするりと入り込むのです。もし人が、木星紀におけるように、このことを意識して体験できたら、その時の体験はすばらしいものだったでしょう。

霊界から物質界へ入って来る人は、その過程で先ずはじめにこう言うでしょう。――「今、お前の魂は物質形姿とひとつになる。お前は二つの黒い球の中に自分を見出だす。お前の魂の眼では、このような視力はもてない。しかしこの球もまた、まったく霊の所産なのだ。」

次いで魂の力だけでは見通せないこの霊的な所産を、見通す力を得ます。すなわち、この世に生まれて、「世界の光を眺める」力を得ます。これまで異質だった両眼という二つの球の中に入ったおかげで、魂に外界を見る能力が与えられたのです。自分で自分の両眼を見ることはできませんが、この両眼のおかげで、世界が見えるようになるのです。その時の筆舌に尽しがたい体験は、死の直後の壮大な自己体験に匹敵する程の世界体験であると言えるでしょう。

死の過程を霊視したら

死の門を通った死の直後の眺めは、死後の人生の中で特別すばらしいものとして現れます。この地上で眼を通して現れるのと似たものが、人間全体を通して現れるのですが、人間全体を通して現れるものは、地球紀の私たちの場合にも、極めて意識的な仕方で生なましく体験されます。私たちは死後の体験の中で、「お前は今物質世界の中から抜け出て来た」、という感情を持たずにはいられません。それまでは二つの球である眼を通して物質世界を体験してきましたが、それが今、エーテル体験として現れるのです。

人はそれまでに獲得した自己認識で、死の門を通っていきますが、この時、その自己認識が意志力になるのです。――そこで考えて下さい。死者は自分の物質体験をあとに残し、そして今、意志力を放射します。自己認識を通して獲得した意志力をです。自己認識によって獲得したこの放射する意志力は、霊的環境に観入するのを可能にしてくれます。私たちが誕生を体験するときに、いわば眼が曇りを払拭するように、死後、霊界に観入するときには、その観入を妨げるものを、この意志力が払拭するのです。この意志力が死後の私たちに霊界を洞察させるのです。これは非常に重要な死後の出来事です。

人間は死の門を通ると、エーテル体をまだ身につけている間に、生前の人生全体を巨大なタブローとして洞察します。その時、巨大なタブローが眼の前に立っています。そこで今、死者はこう感じます。――「お前は自分を見ている。これはお前だ。生まれてから死ぬまで、生前のお前はこのように生きてきた。この凡てはお前だったのだ。」

しかし今、獲得したこの自己認識の力のすべては、死者の中で働き、私の言いましたように、そのタブローをいわば打ちこわし、その結果、エーテル体を引き離します。まるでヴェールを引き離すようにです。そしてその背後にあるものが表面に現れます。そしてそれが本来の霊界なのです。

死の門を通るということは、途方もなく大きな体験です。先ずエーテル体が肉体から離れて、自由に働くようになったことで、生前の人生全体が眼の前に現れるのですが、その時、次のような感情を持つのです。――この生前の人生は、ヴェールだったのだ。このヴェールが、生前は見ることのできなかった途方もない世界を覆っていた。今、自己認識から生じた意志力が、このヴェールを引き離す。このヴェールが取り払われたとき、その背後から霊界が現れてくる。

こう聞いたからといって、不安になる必要はありません。私たちはつい、こう考えてしまいます。――今の時代には、なんらかの自己認識に到ろうと努めている人など、あまりいないのではないだろうか、と。確かに多くの人は、世間の評価に従えば、例えば現代の大学の哲学科の教授よりも賢明で、知的であるとは言えないかも知れません。確かに私たちは、有名な人物、哲学者でもあり、そして本当に重要な学者であるあのエルンスト・マッハと同じくらいにまで、自己認識の素質に欠けているかも知れません。だから卑屈になって、自分は自己認識が下手だ、と言いたくなるかも知れません。

もちろん、現在の人生から得た自己認識で霊界の意志力を得ようとするのでしたら、あまりいい結果は得られないでしょう。現代人は途方もないくらい、認識上の進歩を誇りにしています。或る意味では、そう思うのは当然です。現代の医者は、こんにちの医薬上の諸発見をふまえて、まだそれ程以前とは言えない過去の医者たちを自慢げに見下ろしています。以前はみんなばかなことをやっていた、と当たり前のように考えています。これまでの数世紀の間、外的な認識に関しては、さまざまな成果をあげてきましたし、外的な世界の諸関連については、いろいろな経験をしてきました。その点で偉大な進歩も遂げてきました。しかし自己認識に関しては、昔の方が、私たちがすでに輪廻転生を繰り返してきた昔の方が、現代よりもはるかに先へ進んでいたのです。そもそも唯物主義的にものを考える現代人は、古代に由来する事柄について、どう表象したらいいのか全然分かってないのです。なぜなら現代の人が昔の人の偏見だと思っている事柄、つまり基本的に昔の人の魂が体験していた事柄は、そのすべてが自己認識だったのですから。こんにち伝えられている事柄は、かつての自己認識の名残りにすぎないのです。

前生を知るとは

さて私たちの通常の外的な意識だけでは、前世のことなど何も知ることができません。神秘学を学んでいる人の中には、まだ学びはじめてたいして時が経っていないのに、前生のことをものすごくよく知っている人たちがいます。私はある時、ヨーロッパの或る街で、或る集りに行ったことがありましたが、そこの喫茶室に集っていたのは、セネカ、フリードリヒ大王、皇帝ヨゼフ、ライヒシュタット侯、マダム・ポンパドゥール、マリー・アントワネットその他の人たちでした。しかし神秘学を少し学んだあとで、自分の前生のことを良く知るようになった人たちを除けば、人間は通常、外的な認識によっては、前生のことをほとんど、またはまったく知ることができません。なぜなら、現在の文化期が提供できるものによっては、前生のことを知ることができないのですから。しかしそのことが真実であるように、死後の人が意志を発揮するためには、前生に由来するものだけで十分だということも真実なのです。

実際、死んでから新しく生まれてくるまでの事情は、この世とは違うのです。生まれてから死ぬまでの人間は、前生のことを何も知らずにいます。しかし死んでから新しく生まれてくるまでの人間は、自分の中に以前の転生のすべての力をもっているのです。そしてかつて死んでから新しく生まれてくるまでに経験してきたことのすべてをも、もっています。ですから私たちは、死の門を通っていくと、自己認識――こんにちの人間の大半がもっていない自己認識――に由来する意志力だけではなく、この人生（生前）での自己認識に由来するのでないすべての意志力をも持っているのです。この意志力は、前生において得た自己認識に由来するのです。

ですから死の門を通っていく人間は、生前の生活が織り上げたあの織り物を取り除く意志力をもっているのです。

けれども、これからの数千年間に必要な新しい意志力を獲得しようとするときには、――現在の時点では前世に由来する自己認識がますます大切なものになっていくでしょうが、――それだけでなく、未来の人類の進化のためには、この世の人のためにも、あの世の人のためにも、神秘学が登場しなければならないのです。なぜなら、人間の意志力は、こんにちはまだ十分であるとしても、地球紀の進化の過程で、この世の人間が霊界を知ることによって意志力を強化すべき時代が、今始まっているのですから。

現在から地球紀の終わりにいたるまで、どんな関連においてであれ、神秘学から何かを学ぶことを拒んでしまったなら、人類の進化は危険にさらされかねません。そうなったら人間は、死後の霊界において、霊的な事柄を次第に知覚できなくなっていくでしょう。今後、ますます知覚できなくなっていくでしょう。私の述べたヴェールを引きはがすことが、ますますできなくなるでしょう。

意志力に変化した自己認識にどんな意味があるのか、以上で分かっていただけたと思います。この地上での自己認識は、自分を知ることなのですが、彼岸での自己認識は、霊界を覆いかくすヴェールを引きはがそうとする自己意志なのです。

死者にとって、自己認識に由来する意志力によってみずからを強めることがどんなに大事なことなのかを、まさに死を迎えたばかりの人の場合に見てとることができます。死の門を通った人は、自分自身の中にあるもの、地上生活の中で得たもの、に支えられながら、さまざまな段階を通っていきます。そして地上の誰かが、この世を去った人の自己意識を強め、成就させるために助力することで、結びつきを深めることは、大きな、本質的な意味をもっているのです。

死者のために働く

このことを具体的に受けとって下さい。この地上で私たちと一緒にいた誰かが死の門を通っていったのです。その人と一緒にいた私たちは、その人がどんな人だったか、何をするのが好きだったか、知っています。その人が死の門を通っていきました。今その人は、自分の願望の凡てを、強い内なる力を通して集めなければなりません。そうすることがどうしても必要なのです。死者はこの願望すべてを逆に回想すること（遡行観《リュックシャウ》／Rückschau）の中で受けとります。その時、私たちがその人の役に立てるのは、その人が生前、私たちにとってどんな人だったかを考えるときなのです。その人自身の性格を特徴づけるような思いをその人に送るのです。この世を去った人たちに、いわばその人たちの本性についての私たちのイメージを送るのです。そうすることで、ヴェールを引きはがさなければならないあの意志の働きに協力するのです。ですから一昨日デュッセルドルフで申し上げた思いが、私の中に生じたのです。

最近のことですが、友人たちの葬儀の席でお話ししたとき、友人たちの人柄を、葬儀に際して、どうしても言葉にしなければならない、という思いが強く迫ってきたのです。その時は、思い出を語ったのではありません。私の魂がこの世を去った魂の中に完全にのりうつったように、言葉が出てきたのです。

死者の魂と関わるとは、この魂の中に身をおくということなのです。この地上の物質世界においては、対象がそこにあり、私たちはそれを外から見ています。霊的な事柄においては、自分の全存在で、この霊的・魂的なものの中に身をおくのです。一昨日述べた場合で言えば、長年私たちの世界観を共有してきた今は亡き友人の魂の中にのりうつることができました。この人物は、まだエーテル体の中に留まっていたので、生前神秘学を学び、そこから得た力で、自分自身の本性をみずから言葉にすることができたのです。私はこの死者（女性形）からその言葉を受けとることができました。そしてその言葉を葬儀の席で語らせていただきました。

別の場合には、別のことが起こりました。この地域で私たちが信頼し合ってきた協会員フリッツ・ミッチャーの葬儀の席でお話したときも、死の門を通ったこの魂の中に完全に身を移さなければならないと感じましたが、それだけでなく、この魂が生前、一緒に過した人たちにとってどんなに大切な存在だったかを言葉にせざるをえませんでした。そうすることでこの魂と一緒に、自己認識に由来するあの意志の鼓舞、力づけを共にすることができました。ですから葬儀の席では、フリッツ・ミッチャーが私たちの運動に参加し、体験を重ねながら、内なるカルマに従って獲得してきた事柄にも言及しなければなりませんでした。その時私が語らなければならなかった言葉は、前にも言いましたように、私の言葉ではありません。フリッツ・ミッチャー自身の魂の力が流れ出た言葉です。その言葉は死を迎えるまでの年月の本質をも表現していました。はっきり申し上げたいのですが、その時の話は私が自分で話したのではありません。

もちろん直接彼自身が語った言葉ではありません。この魂はそのようなことを生前なら決して言わなかったでしょう。それは彼とは違う魂が感じとった内容です。しかしすでに世を去った彼の魂と結びついている私の魂が感じとったのです。死者の魂と結びついていなければ、感じとれない内容なのです。葬儀の席で私の語った言葉は、以下の通りです。その言葉を皆さんにお伝えしたいと思います。

あなたの今いるところは

私たちにとっての希望と祝福の場なのです。
そこでは地上の辛苦が霊の花となって咲き、
その輝きを魂の力を通して地上のものに示してくれます。

あなたの憬れと真理への愛とは、
もともと一つのものでした。
あなたがずっと求め続けた人生の目標は、
霊の光から創られたのです。

あなたは美しい才能をお持ちでした。だから
認識の明るい霊の道を、この世の理不尽に惑わされることなく、
真理のしもべとなって忠実に
確かな足どりで歩み続けました。

あなたは霊の器官を育てました。だから
大膽にゆるぎなく

誤謬の障害を道の両側に追いやり、真理へ向って
まっすぐに進んでいきました。

あなたの自己は、純粋な光をみるために創られたのです。だから
魂の中の太陽の力が
あなたの内面を力強く照らしました。
あなたの人生の喜びも悲しみもそのためにあったのです。

あなたの魂はただひたすら真理を求め
他《ほか》の喜び、悲しみに妨げられることはめったになかったのです。
なぜならあなたにとって認識は
生きることに意味を与えてくれる光であり
人生の真実の価値だったのですから。

あなたの今いるところは
私たちにとっての希望と祝福の場です。

そこでは地上の辛苦が霊の花となって咲き、
その輝きを魂の力を通して地上のものに示してくれます。
（註：第一節の繰り返し）

あなたを失ったことは私たちを深い悲しみにつきおとしました。
でもあなたはこの世で
霊性を芽生えさせ、魂の内部で
あなたの宇宙感覚を育てました。
感じて下さい。今愛情をもって
あなたのいらっしゃる高みに眼を向けている私たちを。
あなたはその高みで別の課題に取組んでいるのですね。
あなたのいなくなったこの地上の友人たちに
あなたの力を霊界から送って下さい。

私たちの魂の願いをきいて下さい。
私たちはこの地上で働くために

霊界からの大きな力を必要としています。
死んでいった友人たちの協力を求めています。

あなたを失ったことは私たちを深く苦しめていますが、
あなたからの希望は私たちに祝福を与えてくれます。
どうぞ私たちに希望を与えて下さい。
あなたは遠くて近いところから
私たちの人生と結びついて、
霊界で魂の星となって、私たちを照らして下さっているのです。

死者との対話

これらの言葉は今は亡きミッチャーの言葉だとは受けとらないで下さい。でもこれらの言葉はまったく私の魂からではなく、死の門を通った魂から来たのです。ミッチャーの死から比較的、というかまったく短い時間のあとで、この魂に、ただこの魂だけに由来するものが今開示され、私たちの共同体の場で、この魂の友を通して語られたのです。そしてこの言葉は更にこう聞こえてきます。あの時以来、繰り返して私にこう響いてくるのです。――

純粋な光を開示するために
私の自己を形成して
魂の太陽の力が私の内部で力強く輝くようにすることが
私の人生の課題であり喜びでした。

ほかの心配、ほかの喜びは
私の魂をあまり動かしませんでした。
認識こそが人生に意味を与える光であり
人生の真実の価値であると思えたのです。

私がはじめて――そしてそれからはなん度も――この死者の魂からこの言葉を聞いて、私ははじめて対話が成り立ったことに気がつきました。今、私が朗読した言葉は、本当に文字通り、この魂との結びつきの中で聞いた通りに書いたのです。火葬に際して、こう言われました。――

純粋な光を開示するために
あなたの自己を形成して……

「あなた」という言葉が出てきますが、決して私がそうしたのではありません。この言葉が死者の魂から戻ってきたとき、この言葉が一人称でも返すことができるのだ、ということに私は気がつきました。

純粋な光を開示するために
私の自己を形成して……

皆さんはここに、墓を超えて交《かわ》された会話を、一種の合意と見てとって下さると思います。このことと結びついて、私たちの運動の中でしばしば言及されてきたこと、しかしまだ十分には達成できていないことに言及しておきたいのです。皆さんは死者の魂によって語られた言葉の中に、もっとも重要なことが語られているのに気がつかれるでしょう。それはこの言葉です。

――

私たちの魂の願いをきいて下さい。
私たちはこの地上で働くために
霊界からの大きな力を必要としています。
死んでいった友人たちの協力を求めています。

この言葉を単なる言葉として受けとらないで下さい。ここで語られているのは、もっとも深い意味で私たちの運動の存在全体に関わる事柄なのです。

或る魂が、ここで取り上げられている人のように、知識、経験で得たものに神秘学の衝動を浸透させようと努め、しかも若くして世を去ったとき、そういう魂は、本当に忠実な協力者であり続けることができるのです。ですから私がこの魂に願いとして呼びかけて、地球の未来へ向けて私たちがやろうと望んでいることの協力者になってほしい、と言ったのです。実際、分かって下さると思いますが、地上に生きている人とこの世を去った死者との間の隔たりは、地球紀の進化の過程で、私たちの神秘学を通して、本当に生きいきとした仕方で橋渡しされなければならないのです。

私たちがこの世を生きている者同士として関わり合っているように、死者を死者としてではなく、私たちの中に生きている者であり、私たちと一緒に生きて、創造している者であると思えなければなりません。そうすれば、いわゆる死者たちは、私たちと一緒に、死者にそなわった力で、働いてくれます。

神秘学が私たちの中に創造する衝動を、私たちの文化期の発展に役立たせること、私たちはこのことを理論としてではなく、生き方として受けとろうと努めなければなりません。私たちは本当に、私たちの外的文化の未来のために、霊界にいる死者たちの協力を必要としています。今この世で霊的な運動に関わりをもっている人たちは、死者の魂たちを、この世を去った友人たちの力を、この世での仕事のために必要としているのです。死者たちは地上での経験によって強められ、霊界で得た力に浸透されています。この魂たちとこの世で同志として一緒に働きたいというのは、私たちの心からの願いなのです。

思想の共有を妨げる力

皆さん、私たちの人智学という地上の仕事は、なんという困難と妨害に直面しなければならないのでしょうか。繰り返して経験させられていることの中で、ひとつだけ今取り上げておきたいことがあります。数年前のことですが、南ドイツの或る雑誌に発表された論文がセンセーションをまき起こしたことがありました。著者が有名な哲学者だったので、評判をよんだのです。その雑誌の編集長はカール・ムートと言います。彼はこの雑誌に多方面に亙る論文を掲載しました。

私の『神秘学概論』が出たとき、カール・ムートはこの哲学者の論文を、まさに『神秘学概論』と関連させて、掲載しました。この論文に取り上げられているもっとも悪質な部分を無力化する程度のことなら、私にもそれ程むずかしいことではありませんでした。なぜならその大哲学者の真実は、以下のような程度のものだったのですから。――この哲学者は、多くの人にとっては本当に大哲学者と思われていましたが、彼を身近かに知っていた人たちにとっては、あまり近づきたくないような存在でした。その人たちにとって、彼は一種のゴボウ（いやらしく付きまとう人物）だったのです。私にとってもそうでした。だから彼にはあまり関わらずにすむようにしていました。

彼は私宛に次々にはがきや手紙を書き続けたあとで、この論文の原稿も送ってきましたが、この論文を読む決心がつきませんでした。なぜなら、読み始めてみたら、あまりに馬鹿げていたからです。こう述べています。例えば、――シュタイナーはこの本を「秘密学」と呼んでいるが、秘密の学など存在しえない。なぜなら学問（科学）の本質は、秘密ではなく、公開ということなのだから。

ですから秘密学（神秘学）は学問そのものの本質に反するというのです。そのようにしてこの論文は始まっています。そして頁をめくると、あまりに恥知らずな内容が続くので、原稿を読み進めるのがどうしても我慢できなくなってしまったのです。この論文が掲載されている雑誌は、まだどこかの本屋にあると思います。「秘密学」に関するこの愚かしさを感じとるには、ドイツ語さえできれば十分です。まるで誰かがこう言うようなものなのです。自然（あたりまえ）の学など存在しない。しかし自然科学は存在する、と。秘密の学などもちろん存在しません。しかし秘密学は存在します。ですからあまりに馬鹿げているのですが、この雑誌の編集発行人は、特別に重要な論文であると思ったのです。この論文は非常に読まれ、神秘学について書かれた非常にすぐれたものと見做されました。神秘学が根底から批判された、というのです。

今、戦争が勃発しました。この哲学者はドイツ人ではありませんでした。それどころか、今、ドイツのもっともひどい敵のひとりに数えられています。彼は多くの手紙を同じ編集人カール・ムートに書き送っています。当時――こんな言い方をしてすみませんが――指をなめてきれいにするようにして、この論文を有名な哲学者から受けとったことを報告したカール・ムートにです。ドイツとドイツ民族についてはすでにいろいろとひどいことが言われてきましたが、この有名な哲学者がカール・ムートに宛てて書いた手紙におけるほど毒を含んだ、おぞましいものはありません。そこにはドイツ精神とドイツの特質についての最大限のひどい判断、批判が繰りひろげられています。ですから以下の出来事は、むしろ良い徴候であると言えるかもしれません。――当の哲学者はさんざん毒気を吐き出したあとで、残念ながら「秘密の学」をふまえてではありませんが、検閲が国境を超えることを阻止しなかったので、ミュンヒェンにやって来ました。そしてムートはこの毒気をもう一度雑誌に掲載する勇気を示しました。しかし今度は、「重要な男の重要な論文」を掲載するのではなく、――数年経ったあとで、同じカール・ムートはドイツ人についてのこの文章を掲載して、そしてこう書いたのです――もちろんこれを書いた男は、精神病院行きだ、とみんな思うにちがいない、と。

皆さん、カール・ムートはこの男がばかだということを明らかにするために、ドイツの本質を論じたこの論文をわざわざ掲載したのです。しかし数年前のカール・ムートは、同じばかを私たちの神秘学にさし向けました。まともな人間なら、すでに数年前に、そんなことは分っていた筈ですが、ばかたちは、しばしば有名な哲学者になりすまします。まあ、それはどうでもいいことなのですが、しかしこのことから皆さんは、今世間がどうなっているのか、神秘学はどんな危険にさらされているか、見てとることができるでしょう。もしも戦争が勃発せず、カール・ムートがもしも本来良い人物であるこのウィンセンティ・ルトスラフスキー教授がばかであることを学習しなかったなら、カール・ムートは折にふれてこの「有名な教授」の手になる、神秘学根絶の論文を雑誌に掲載し続けたでしょう。

このことからも分かるように、こんにちの人びとは、しばしば、自分の判断力によって神秘学に対する態度を決定するのではないのです。このことを今取り上げるのは、ひとつの例――同じような例はいくらでもあげられますが――ひとつの例によって、私たちの運動がどんな妨害にさらされているかを示したかったからです。こんなことを経験させられると、神秘学に対するほかの批判、暴言もせいぜいこんなものか、とつい思ってしまいます。なぜなら、一度こんなにはっきり正体を現してしまうと、どんなにつくろっても、正体は正体だと思わざるをえませんから。ですからどうしても、霊的な衝動を生きいきと働かせるために、死の門を通って行った人たちの協力が必要なのです。なくなる以前に霊学の内奥を身につけて世を去った人たちの協力がです。

神秘学による彼岸への橋渡し

彼岸と此岸の断絶は、先ず神秘学の分野で橋渡しされなければなりません。ですから繰り返して、次のように訴えかけざるをえないのです。――私たちは、大切な時を共に過ごしてきたという意識を、この世の時とまったく同じように、死者に対しても保ち続けよう、と。ただ死者に対しては、生者に対するのとは違った関係にならざるをえませんけれども。大切な人たちの魂が死の門を通って行った時にも、私たちはこの思いを保ち続けたいと思います。なぜなら、神秘学から受けとることのできるもっとも美しい、もっとも意味あることは、この世の人たちと同じように、死の門を通って行った人たちと一緒に生き、そして出会うことができる、と思うことができることなのですから。

肉体をもった者同士が出会うのとまったく同じようにです。今私たちは、これほどにまで多くの魂たちが、血と死を通して、新しい何かを用意してくれている世界にいるのです。そして若くして死の門を通ったことで、まだ用いられることのなかったエーテル体を霊界に提供してくれていることが、死者との出会いを本質的に可能にしてくれているのです。

人間のエーテル体は、どんなに長生きしても、人びとに生命力を供給し続けることができます。人間が若くして死の門を通ると、高齢になるまでこの世で提供できた筈のエーテル体の力は、使われずに残っています。そして今私たちは、物質界を去った人がまだしばらくの間留まっているエーテル界を仰ぎ見ることができます。そこには戦場で倒れて死の門を通った多くの若い人たちのエーテル体が存在しています。このエーテル体はすぐには解消されないで、保たれ、なお長年この世の人生のために配慮することができた筈の力を維持しています。

しかしこのエーテル体は、存在し続けて、神秘学を学ぶ人びとが、この未使用のエーテル体の存在しているところへ憧れの眼を向けるとき、人びとに協力することのできる力となって返ってくるのです。霊界に存在するこの力は、霊的な意識でこの力と結ばれようとする人びとに結びついてくれます。私たちはこのことを感じとりながら、このエーテル体に向き合います。私たちは生きいきとした態度で、霊界に信頼を寄せなければなりません。

今私たちはこう言えなければならないのです。——まさに未来の、この戦争に続く時代に現れる人びとは、霊界を仰ぎ見ることのできる魂を持っている。この人びとにとって、この未使用のエーテル体は、霊界認識を通して現実の力になる。

その時神秘学は、認識のためだけでなく、現実の生活のためにも役立つでしょう。すでに私たちの時代の運命的な諸事件の中でも、現実生活のために役立ってくれていますが、近い将来、人びとはこう語ることができるようになるでしょう。——霊界において未使用の力を発揮するエーテル体に眼を向ける魂たちがこの世に存在することによって、その魂たちはこの世でこの未使用の力を受けとることができ、そしてますます力強く働くことができる。

こんにち戦場で血と死の犠牲を捧げた人たちのこの未使用のエーテル体の力は、未来における地上の魂たちのために実りあるものになってくれるに違いないのです。ですから今日も私たちは、以上の理由から、あの共同作業のことを思い出しておきたかったのです。つまり未来において、霊的認識で魂と霊を充たす魂たちと戦場で死んでいった人たちとの間に生じる筈の内なる魂の共同作業のことをです。

私たちは今日もまた、あの言葉を私たちの魂の中に書き記したいと思います。時代の出来事全体の関連の中で、私たちの支部での考察の終わりを、この言葉で閉じたいと思います。

戦う者たちの勇気から
戦場で流される血から

残された者の苦悩から
民族の供犠の行為から
霊の実りがもたらされる
霊を意識しつつ魂の感覚を
霊界へ向けて開け

III

死と出会う1——感覚の道

感覚の変容

ワイマール　一九一三年四月一三日

死と向き合うときの不安

地上の物質世界を生きている私たちは、いつでも身体にそなわった感覚器官を働かせて周囲を知覚し、そして知性を働かせて、その知覚対象を理解しようとしています。それだけでなく、更に記憶力によって過去の体験を甦えらせ、感情と意志を働かせて、外の世界と自分との関係を深めようとしています。

まだ霊的認識の問題と取組んだことのない人にとって、そういう物質界におけるときとはまったく異なる世界体験がありうるとは、とても思えないでしょう。世界は感覚と思考と感情と意志だけによって知るものとなるというのは、当然のことなのですから。

けれどもこの世を生きる私たちにとって、物質界を超えた、まったく別の体験をすることが意識を変化させることによって、可能となるのです。古代以来、その体験は「イニシエーション」(秘儀参入)によって可能になる、と言われてきました。そして基本的に、死の門を通って、死後の世界に入った死者もまた、それと同じ種類の体験をするのです。

さて、この地上で、死後の生活についてのイメージを持とうとするときの私たちは、死と向き合って、一種の激しい不安に襲われます。そういう恐怖を体験するのは、当然のことです。なぜなら私たちが大急ぎで歩いているとき、突然深淵の前に出たようなものなのですから。更に歩いていったら、次の瞬間に何が起こるか分からないという思いに襲われるのですから。

崖っぷちまで走っていって、急に止まれないとき、そういう思いに襲われます。どうしてももう一歩先へ出てしまうときにです。

そういうとき、私たちの魂は大きな不安に襲われます。しかし、そういう不安の感情は、実は魂の深層にいつでも存在しているのです。ただ、注意が物質界に向けられているので、知覚されずにいるのです。今、そういう感情がこうささやくのです。――「住みなれた、いつもの世界がすべてなくなってしまったら、お前はどうするのか。」

そういう感情が私たちの無意識の中にいつでも生きています。その時にはもはや見ることも聞くこともできません。なぜなら感覚の対象がすべて奪われてしまうのですから。思考することさえもかなわないのです。

そういう感情は、はっきり感じとることができないとしても、魂の中にしっかりと居すわっています。そして日頃は、私たちの日常の感性がこの感情を麻痺させているだけなのです。その感情が呼び起こされそうになると、別の何かがさっと魂の中に入ってきて、意識化させないようにしているのです。

しかしそういう状態が続いているだけでは、死と正しく向き合うことができません。死の謎を覆うヴェールをかかげることができないのです。今日は、この地上を生きる私たちの生活が、死後の生活とどのような関連をもっているのかを明らかにしたいと思います。

外へ向けた感覚と内へ向けた感覚

物質界での私たちは、物質界を感覚で知覚していますが、そのとき働かせている感覚は、身体の器官を用いる感覚です。そしてその感覚は、死によって失われます。そういう感覚は五つありますね。視覚、聴覚、味覚、嗅覚、触覚の五つです。これらはみんな、身体から離れた状態では働かせることができません。身体から離れた状態にあるときには、別の感覚を働かせなければなりません。特に人間が自分自身を知覚することのできる感覚がなければなりません。日常、目覚めているときの私たちは、物質界に属していますから、物質界から離れたときには、別の感覚がなければ、自分の存在を知覚することができません。そのような、自分を知覚することのできる感覚は、三つあります。均衡感覚、運動感覚、生命感覚の三つです。これらの感覚は、地上を生きるときに向けられた他の外感覚と同じように大切です。

では生命感覚とはどんな感覚でしょうか。例えば空腹と満腹の違いを感じるときの感覚です。私たちが内的に自分を把握できないと、自分の身体の調子のよしあしを、知ることができません。そういう意味で見る感覚と同じように、生命の感覚についても語ることができます。

運動感覚はどんな感覚でしょうか。筋肉や腱組織の働きを感じることによって自分の動きを感じるための感覚です。そういう感覚は、内なる運動の感覚です。ただ物質界に生きて、自分を肉眼で見ている限り、この内なる運動の知覚は、やや曇っています。まっ暗闇の中を動いている時なら、この内なる知覚について正しく感じとれるでしょう。そういう時なら、例えば呼吸過程を知覚することも、容易になるでしょう。

均衡感覚はとても大切な感覚です。幼児が立つこと、歩むことを学ぶとき、この感覚が働いています。幼児がそうすることで、少しずつこの感覚は身についていきます。そして直立して歩行するようになるのです。

均衡感覚は、感覚器官をもっています。耳の中の三半規管です。これは内耳の中で互いに直角に結びついている半円形の三つの管（半規管）からできています。この器官が傷を受けると、立っていられなくなります。均衡感覚の働かない人は、内なる方向感覚がそこなわれていることによるのです。

更に進むと、一種の自己知覚を可能にする別の感覚も見出だせますが、このことはもっとむずかしいです。もはや正常とはいえないような意識状態を考察しなければなりませんから。

そのような意識状態は、或る種の夢の中に現れます。例えば次のような夢です。或る人がおそろしく怒っています。税役人が来たからです。この情景を細部に亙って夢に見ました。長い夢でした。すると場面が一転して、車のガタガタする音が聞こえました。消防車が通っていったのです。火の手が上がりました。「火事だ！」という叫び声が聞こえましたが、それだけでした。火事《フォイアー》という言葉は税《シュトイアー》という言葉を思い出させたので、「火事だ！」という声を聞いただけで、またさっきの怒りの気分が戻ってきました。

夢はおそろしく速く進行します。けれども一つひとつの出来事を時間の継列の中で考えるので、長い夢のように思えるのです。

この夢から分かるように、アストラル体の中では音が大きな意味をもっています。特に音がイメージと結びついて、言葉になる時にはです。

人間の魂を更に掘り下げていくと、まったく別の事実も現れています。深い眠りに陥っている時にだけ、人間は何も認めずにいる、という事実です。「フォイアー！」という声が突然発せられなかったとしても、何かが起こっていたかも知れません。しかしこの叫び声が何かを覆いかくして、「シュトイアー」という言葉をおもてに引き出すのです。言葉の余韻から繊細なヴェールが織り出されます。日常生活の中では、このヴェールは非常に厚手になっていますが、日常の表象内容と並んで、繊細な魂の表象内容が入ってきます。ただこの魂の表象内容は知覚されずにいます。私たちはこういう夢の光景の中に、世界の出来事の一端を捉えるのです。

聴覚と思考の間に位置する未知の感覚

今こういう例を取り上げたのは、私たちの聴覚が、超感覚的な感覚にもっとも近い感覚だからです。聴覚を通して超感覚的世界のすぐそばに立てるのです。そして、その時、火事《フォイアー》と税《シュトイアー》という言葉を除くことができたら、私たちは真の魂の体験を経験することができたでしょう。

この例の場合、人が霊界の前に立つときのことがよく見てとれるのです。しかし二つの言葉がその人を引きとめるのです。私たちの夢の大半は、聴覚の余韻によって作られているのです。なぜなら聴覚と概念感覚との間には、ひとつの知られざる内部感覚が生きているのです。この内部感覚はこんにちの生活の場合、まったく退化しています。霊界に参入したとき、この感覚が活動を始めます。聴くことと考えることとの間でこの感覚が生きているのですが、聞こえないものを聞くことができるとき、この感覚がわずかでも意識できるようになります。私たちがリズムとメロディとハーモニーのための感覚性をもっていたなら、……〔速記記録欠落〕

物質界のためだけに意味のある感覚を遮断するとき、超感覚的世界の感覚が目覚めます。物質界でのこの感覚は、聴覚と表象感覚（思考感覚）とに分裂しています。私たちが一種の自意識をもつとき、この超感覚的な感覚がひびき始めます。そして音楽と詩文を身近かに感じとろうと努めるとき、この感覚はもっともよくひびくのです。けれどももっといいのは、別の側からこの感覚に近づくことです。外的、物質的な生活においては、この感覚は萎縮しているのですから。

そこから出発して、更に先へ進むと、自我表象に到ります。私たちは自我表象に対しては、誠実でなければなりません。私たちが「私」という言葉を発すると、その度に一定の内的な心の支えを感じとります。「私」と言う度に、自分に自我がある、と思えるからです。そしてそれは正しいのです。このことは、真に高次の自我をもつための準備でもあるのです。けれども高次の自我をもつのはとても困難です。だからこそ、哲学の営為のすべては高次の自我とは何かを知ることに向けられてきたのです。

私は『自由の哲学』の中で、どうしたら高次の自我を知ることができるか、そのための努力を可能な限り試みました。この本のすべては、自己知覚のためにあるのです。何によって私は自分のことを「私」と言うのかを、内的に理解しなければなりません。このように私たちは、外の世界を知るための感覚と、音のない音を聴くための感覚、自分自身を知るための感覚との、その両方をもっているのです。

この地上を生きる私たちは、特にいわゆる五感を発達させてきましたが、自己を知覚するためのその他の感覚は、萎縮しています。それらは死の門を通った人にとって、はじめて大きな意味をもつのです。

死後の世界において必要になる感覚の第一は、先ほどは聴覚と概念感覚との間にある感覚と言いましたが、外なる音楽から内なる音楽へ移行する感覚です。この感覚にとって、外なる（身体上の）聴覚器官の存在は妨げになりません。しかしこんにち、この感覚は耳によって抹殺されてしまっています。物質の世界においては、音楽家が作曲するとき、この感覚の力を感じとることができます。この感覚は、音楽的創造行為の背後で働いています。死後になると、この感覚が死者に霊的な環境のすべてに注意を向けさせる感覚になります。その時私たちは、音楽を内的に体験するのです。この感覚は、死後になると、外なる感覚になるのです。そして死者は、死後しばらくの間、自分の周りで何が生じているのかを、この感覚によって知覚するのです。なぜなら周囲の世界は、リズムとメロディーとハーモニーに貫かれているのですから。この音響を知覚しない人は、この世で物質を知覚出来ない人と同じような状態にあるのです。

私の書『神智学』の中の神界（デヴァハン界）の記述の中には、旋律とリズムとハーモニーの交響する中に、相互に助け合ういとなみが現れている、と述べられています（『神智学』ちくま学芸文庫版一三九頁）。実際、死者にとっての前進と後退は、高次の存在とも低次の存在とも結びついています。一方この世での私たちは、均衡感覚によって直立歩行しつつ上と下、右と左にいる存在と存在の関係を知覚することができるだけです。

現在萎縮している内なる感覚は、死後の世界においては、拡がっていき、霊界にいる死後の私たちを互いに結びつけてくれます。その時の均衡感覚は、ハーモニー感覚とリズム感覚に変化して、運動感覚と一つに結びついています。

死後の私たちが筋肉運動から解放されますと、身体に集中していた運動感覚は、拡散していきます。この世の私たちの運動感覚が私たちの体内に留っているのに対して、今や宇宙のいたるところに存在するようになるのです。

物質界での私たちは、筋肉運動を行っていますが、霊界においては、この運動そのものが外界を成しているのです。子どもに手をさしのばすと、子どもはそれを知って、手の動きをまねします。まねをした動きを体験することで、子どもの運動感覚が目ざめます。しかし、「私たちのいのちは、私たちのからだの中に宿っている。超感覚的世界などで血液が循環しているわけではない」というような言い方にいつもこだわっている人の考え方から自由になるのには、まだまだ長い時間がかかるでしょう。内なる運動感覚は、私たちが死んだあと、特に大事な感覚になります。

生命感覚も、この世を生きる時とは別の機能を発揮するようになります。なぜなら、死後の世界では頭痛も空腹も体験することはないのですから。

地上生活では萎縮しているこれらの感覚は、死後になると、すぐに活気をとり戻します。生前は、自分のからだを自分のからだで知覚することはできませんでした。眼は自分を見ることができませんでしたし、脳も自分のことを考えることができませんでした。外の何かを知覚する器官は、自分を知覚することができませんでした。ですから今、生命感覚は、からだから抜け出なければなりません。抜け出て、魂の感覚になるのです。均衡感覚の場合にも、知覚を可能にする働きではなく、知覚の代りに、今は象徴的にみずからを表現するようになるのです。

これらの感覚は本来、その本性からして利己的な感覚でした。人はこれらの感覚を通して、自分自身を知覚していたのですから。

ですから、死後の私たちは、先ず最初に、感覚のより利己的な部分をしっかりと保っています。このことから分かるように、人間は死後ただちに、本当に利己的な状態になるのです。

子どもが自分の感覚をこの世の人生の中に持ち込み、それによって物質界、感覚界に順応していかなければならないように、死によって身体から脱け出た死者は、自分の感覚で超感覚的世界に順応していかなければなりません。

死者にとってのこの世は、思い出の中にしかない

この状態は死後かなり長く続きます。そして新しい仕方で感覚を使うのに慣れるまでの間、生前、この世で過ごしたときのことを思い出として保っています。けれどもその思い出は、思い出のあまり好ましくない部分なのです。

死後の最初の思い出は、数日間しか続きません。その時の思い出は、いわゆる「記憶の絵画」となって現れます（『神秘学概論』ちくま学芸文庫版、九九頁以下）。次いでこの思い出は、そのもっとも内的な部分が内部から生じてきます。生前この世で体験してきたすべてを、内的に体験し直すのです。なぜなら、新たに知覚する可能性は失われているのですから。

或る死者について考えてみましょう。その人は、生前私たちと一緒に大切な時を過ごしたことがありました。けれども死と共に、結びの糸がたち切られ、今、おそろしい事実に気づいています。他の死者たちから、死者たちに可能なやり方で、こう知らされたのです。——「あなたはあれこれの人と生前大切な時を過ごすことができた。その人たちはまだ地上で元気に暮している。しかしあなたは、その人たちについて、あなたが死んだ時までのことしか知ることができない。」

これは大きな苦しみです。死者は、生前親しくしていた人が今どうしているか知ることができずにいます。ですから死者たちの大きな苦しみは、生前愛していた人たちに近づくことができな

い、という苦しみなのです。

この世にいる私たちが知らなければならないのは、私たちが死者たちに心を向けるとき、死者たちのために大切なことをしている、という事実です。

外的な感覚は、死者たちから失われています。死者たちに残されているのは、私たちと一緒に大切な時を過ごしたという思い出だけです。通常の生き方では、この基本的な事実を変える手立てはありません。それを変えることができるのは、死者と生者《しょうじゃ》との間を結ぶつなぎの環だけです。そして、死者と生者との間を結ぶつなぎの環とは、私たちが超感覚的な事柄を思考することなのです。霊的な思考こそが、このつなぎの環なのです。

死者への供養

ここで強調させていただきたいのですが、私たちは、超感覚的世界に関わる事柄を死者たちのために読むことができるのです。自由な時間に、椅子にすわって、神秘学の内容に思いを浸透させます。そしてその時、死者たちが自分のそばにいる、とできるだけ生きいきと心に思い描くのです。私たちは、そうすることで、死者たちが、私たちが自分のそばにいない、と考える苦しみを取り除くことができます。私たちの人智学という思想の営為は、このことを通して、大切なことができるのです。心の中で死者たちのために読むことを通してです。そのことを通して、死者たちは私たちと一緒に大切な時を過ごします。死者たちはこのことを必要とし、このことを憧れ求めています。

死者たちとの共同生活には、二つの在り方が可能です。第一は今述べたやり方です。生前、地上で大切な時を共に過ごした仲間の不在を、死者のために神秘学書を読むことによって埋め合わせするのです。私たちは死者たちと共にあるべきですし、そうすることで二つの存在領界に橋を渡すべきなのです。死者たちが生前神秘学のことを何も知ろうとしなかったのなら、そんなことをしても、無駄だ、と言う人がいます。しかしそれは唯物主義者の言うことです。なぜなら、死者と生者とでは、事情がまったく違うのですから。

例えば兄弟二人の場合を考えてみましょう。弟は神秘学に関心をもっています。しかし兄はそのことがますます腹立たしくなっています。兄はそのことで話し合う度に、ますます怒りをつのらせています。でも兄が平静でいられないのは、神秘学にどこかで興味をもっているのに、そのことに気づきたくないからだったのです。生前はそれですんでいました。この世では、そもそも、神秘学に興味をもつように無理に説得したりすべきではありません。この世を去る時が来ると、人が何に心を惹かれていたのかが、はっきりします。ですからそういう魂の場合にこそ、神秘学書を読むことは、最上の供養になります。もちろん生前すでに神秘学に関心をもっていた弟なら、死んだ後でもその関心をますます深めていくでしょうけれども。

もうひとつ、まさに私たちの時代においてこそ是非考えておきたいのは、私たちが毎日、眠ることで超感覚的世界へ赴くとき、死者たちと同じ領域にいる、ということです。ただ私たちは、目が覚めると、このことをすっかり忘れています。大抵の人は、どのように眠りにつくのでしょうか。敢えて言わせていただくなら、大抵の人は、眠りの境を通っていくとき、あまり霊的なものを持っては行きません。霊的な飲みもの（アルコール飲料）をたしなんでから、必要なベッドの重さに辿りついた人たちは、あまり多くの霊的なものを霊界へ持っていきません。しかしそこには多くのニュアンスがありますけれども。

よく耳にするのは、次のような声です。――「神秘学を学んでも霊界を見ることができないのなら、一体何の役に立つのか。」

でも十分に集中して神秘学書に取り組んだなら、眠りの中に大切な何かを持ち込めます。眠れる街、眠れる人びとのことを考えてみて下さい。そこでの魂たちは、からだから離れています。その眠れる魂たちが霊界のために表現しているものは、物質界のために表現しているものとは、違います。死者の場合にも同じことが言えます。私たちが死者たちに与えるもの、死者たちが意識にのぼらせるもの、それは死者たちの今の在り方に必要なものなのです。私たちが死者たちに霊的な思考内容をもたらすことは、死者たちに養分をもたらすことなのです。私たちがもしそうしなければ、死者たちは内的に飢えてしまうのです。ですから私たちは、この地上で霊的な思想を大切に学ぶとき、そうすることによって、死者たちに養分を用意することができるのです。霊的な思想を何も提供できないと、死者たちは飢えてしまいます。

死者にとっての孤独

耕作地が荒れてしまうと、人びとの養分になる実りが期待できなくなり、人びとは飢えてしまいます。もちろん死者たちが空腹になることはありませんが、地上での霊的生活が荒れてしまいますと、死者たちは苦しむしかないのです。

問題はこうです。この地上での学問は、さまざまな法則に従って関連づけを行っています。一番望ましい学問の在り方は、人生が学問によって深められることです。しかしこの地上では、学問によって生命そのものを知ることはできません。すべての法則は生命に関係があるとしても、学問の知識で生命を探究することはできません。

超感覚的世界の場合、どんなに研究を続けても、そこに死を見出だすことはできません。事柄の本質を洞察する人にとって、超感覚的世界の中に死が存在するなどと思うことはナンセンスでしかありえません。眠っている時のような意識状態もありますし、死への憧れも存在します。地上の私たちが人生を理解しようとするときのようにです。けれども超感覚的世界には、死は存在しないのです。霊界においては、破滅することなどありえません。死ぬことはできないのですから。この地上での死に相当するような意識の消滅もありえません。とはいえ、霊界においても、孤独になることは可能です。

問題は、物質的＝感覚的世界を知覚できない、ということなのです。自分自身のことは分かっても、他の存在たちのことは何も分からないのです。このことが「燃える渇望」の段階の苦悩なのです。人間の意識を拡大することは、いわば死後の社交生活に相当することなのです。ですから、死後の私たちが超感覚的世界のさまざまな本性たちと知り合うことなら、いくらでもできるのですけれども。

更になお、今晩、このエアフルトの地で解決しておかなければならない非難が残っています。それは次のような問いかけです。――「死者たちが超感覚的世界にいるのだったら、われわれが死者たちにわざわざ超感覚的世界のことを読んであげたからといって、何かをそれによって新たに経験させることができるのだろうか。」

私たちがこの地上から死者たちに与えなかったら、死者たちは超感覚的世界にいても、超感覚的世界のことを知ることができないのです。思考内容は地上から昇っていかなければならないのです。神秘学は天上では学べません。地上で学ぶことなのです。人びとが地上にいるのは、「嘆きの谷」を知るためだけではなく、神秘学を学ぶためでもあるのです。死後のことなら、死後学べばいい、と思われがちですが、これは大きな間違いです。

人は、地上で学んだことを、死の門を通ったあと、霊界に差し出さなければならないのです。

音楽について

今この地上の世界で体験する音楽の世界には、アストラル体が生きています。アストラル体が外なる物質界には見出だせないメロディーやハーモニーを生じさせているのです。私たちが死後に体験する事柄が、すでに今、音楽のアストラル体の中で生きているのです。

ご承知の通り、今私たちの担っているアストラル体は、死後は一定の間しか存在していません。その時期が来たら、私たちはアストラル体を脱ぎすてます。けれどもアストラル体は、本来の音楽要素をうちにもっているので、私たちはその要素を、生まれてから死ぬまでのこの世の人生においては、アストラル体の生命要素である風（空気）の中で体験するのです。

死後、アストラル体を脱ぎすてる段階に来たとき、私たちはアストラル体と共に、地上生活を思い出させるすべての音楽をもすて去ります。しかし死後のこの宇宙的な瞬間に、地上音楽は宇宙音楽に変るのです。

私たちは空気を通して体験してきた音楽から離れて、宇宙音楽という音楽の中に入って生きるようになるのです。

実際、空気の中で体験される地上音楽は、死後の世界では宇宙音楽に変るのです。逆に言えば、この地上世界では、宇宙音楽の反映が空気元素の中に生き、濃縮されて、地上音楽になるのです。私たちは今、その音楽体験を自分のアストラル体の中に刻印づけています。アストラル体を所有している限りで、私たちは、宇宙音楽を追体験しつつ、それを地上の音楽に形成し直しているのです。

死後の私たちは、アストラル体を脱ぎすてて、いわば、私たちの音楽を宇宙音楽に切り替えるのです。ですから音楽と詩文を体験するときの私たちは、死後の世界を先取りして、その中で生きているのだとも言えるのです。

（『芸術の超感覚的起源』ドルナハ　一九二〇年九月一二日より）

空間について

古代人は、現代人よりも、人間と宇宙との関係をはるかに身近に感じとっていました。エジプト＝カルデア文化期には、言い換えると、紀元前二千年紀には、自分のことを地上をさまよう孤独な人間であると感じる人はまだいませんでした。誰でも自分は眼に見えるこの世界の一員だと思っていました。もちろん人間は地上の環境を離れては生きていけませんから、このことなら、現代の唯物論者も否定はしないでしょう。しかし更に古代人は、自分の魂が火、水、空気の元素界に依存しているだけでなく、惑星の運行に依存している、とも思っていたのです。それだけではなく、自分の霊が太陽系外の天上の星々に結びついている、とも思っていました。

こうして古代人は、自分が宇宙全体に抱かれて生きていることを知っていました。しかしこう語りますと、当然次のような疑問が生じるでしょう。古代人は天体の運行について根本的に間違った考え方をしていたのではないのか。現代の科学は、宇宙の外的な経過に関しては、古代人よりもはるかにすばらしい知識を得ているのではないのか。

そこで今日はしばらく、この問題を取り上げて、現代科学もまた、星々の世界の運動について一定の偏見に陥っていることを明らかにしたいのです。この点については明日もお話ししますが、今日特に注意したいのは、人間の本性のすべてが、地球上の世界と眼に見える星の世界との中に見出せるわけではない、ということです。このことを現代人は完全に忘れてしまったのです。人間が死んでから新しく生まれ変わるまで生き続けなければならない超物質的な世界を、外的、物質的な生活に関連づけようとしない限り、眼に見える星の世界についても、正しい見方をすることができないのです。

昨日述べたように、内へ向かって開かれている身体の内臓諸器官の、もちろんその成分ではなく、その作用は、死んでから生まれ変わるまでの間に作り変えられて、生まれ変ったときの頭部器官になるのです。現在の私たちの頭部は、その作用力について言えば、前生での臓器の変化したものなのです。

私たちの人生は、生まれてから死ぬまでの間、豊かな体験内容をもっていますが、死んでから新しく生まれ変わるまでの間にも、豊かな体験内容をもっているのです。しかしその体験内容は決して同じ性質のものではありません。

生まれてから死ぬまでの人間は、空間的、時間的に、主として外なる周囲の世界を体験しています。地上を生きる人間は、自分の身体内のいとなみについては、本当にわずかなことしか体験していません。生体の内的な経過は体験されずにいます。私たちの周囲のことはよくわかっているのに、私たちの皮膚の内側で何が起こっているのかを知らずに過ごしています。解剖学や生理学を学んでも、本当の内的経過を知ったことにはなりません。

それでは死んでから新しく生まれ変わるまではどうなのでしょうか。そのときの私たちは、周囲から中心へ眼を向けているのです。地上では、中心にいる自分が周囲を見ているのですが、死後の私たちは周囲にではなく、自分の内部に眼を向けます。人体そのものの秘儀に眼を向けるのです。地上の生活では皮膚の内側に隠されていたものを、自分の世界として見るのです。

多分皆さんは、それなら死後の私たちの見る世界は、非常に小さな世界なのだろう、と思うかも知れません。しかし物質空間上の大きさは、そのときには、問題にならないのです。空間的な拡がりではなく、内容の豊かさ、貧しさが問題なのです。このことを、繰り返して意識しなければなりません。たとえ私たちが地上で体験する鉱物界、植物界、動物界、森や山、星空などのすべてを集めても、人体の内部に秘せられている内容の豊かさにははるかに及ばないのです。

(『ミクロコスモスとマクロコスモスの対応』第八講、ドルナハ　一九二〇年四月二四日より)

IV

死と出会う２——思考の道

死と出会うための学問

その1

人智学という神秘学と現代科学との根本的な違いは、前者が霊的な現実に出会うために死から出発するのに対して、後者は生から、子どもの成長と前進から考察を始めることにあります。

例えば神秘学は、突然死の問題を考察します。不幸な事件に遭遇したりして、急死を遂げる場合です。そういう突然の死の到来は、決して無意味に生じることなのではなく、死後の霊界のために見霊意識を育てるのに必要なことでもあるのです。丁度、この世での意識を育てるのに、誕生によって生じる力が必要であるようにです。死後の意識は、生前の意識とは異なっていますが、意識であることに変わりはありません。通常の意識は死と共に終わり、別の意識は死と共に始まります。（……）この別の意識は、次なる地上生活へ移行しようとする意志に働きかけるのです。

こういう話しをしますと、もちろん、ばかばかしい、幼稚だ、常識からかけ離れている、と言われます。けれども、私は自然科学の研究成果と同じように、確かな研究成果をお話ししているのです。或る人の人生に突然、暴力的な仕方で死が襲ってきますと、次の人生にこの死が影響し、次の人生の特定の時期に、生活の方向を根本から変えるのです。運命全体を変化させて、内から衝き上げてくるようにして、別の生き方をさせるのです。アメリカでは、このことを、「改宗」と呼んでいますが、宗教上の事柄にとどまりません。意志が別の生き方、別の方向を求めるのです。意志の方向がそのように根本から変化するとき、その理由が前世の突然死によることがあるのです。実際、しばしば死の体験が次の人生の中期に重要な意味をもつことが、霊的な研究によって分かります。病気や老衰を通して内部から死がおのずと生じるときの死は、次の人生にとってよりも、死後から新たな誕生までの霊界での生活にとって意味があります。

「お前の不幸は、おまえ自身に責任がある」、という言い方は、見当はずれであるだけでなく、霊的研究を誹謗するものです。不幸な事件は、前生における何らかの結果である必要はまったくありません。おのずと生じることがあります。不幸、苦悩から、通常の意識とは異なる霊的な意識が生じてくることがしばしばあるのです。不幸な事件は、次の人生に、または今生の間にも、そのような結果をもたらすことがあるのです。

（『超感覚的認識と人間の魂の謎』サン・ガレン　一九一七年十一月十五日より）

その2

こんにち地上の人生の中で神秘学を魂の中に受容している少数の人たちがいます。私は霊的な探求をする人のことではなく、神秘学を学ぶ人のことを言っているのです。神秘学によって提供される観念、理念を受容している人のことをです。地上の人生で神秘学を魂の中に受容する人は、霊界について何かを経験します。この経験は、死の門を通ったあとの人生にとっても、重要な経験になります。そしてこれから申し上げるように、まさに私たちの時代にこそ、重要な経験になるのです。

以前の時代の人類は、霊界との関連を、古い遺産として常に保ち続けていました。……地上を生きる人は本能的に霊界のことを知っており、その結果、死後の魂は、地上生活への回想以上の内実を担い続けていました。実際、現代以降、人びとの魂は、死後、思い出だけによって地上と結びつくようになるでしょう。

私たちはこの世でこれまでの地上生活を回想します。そして死後も、その地上生活を記憶し続けることによって、地上生活との関連を保ちます。このことは、神秘学によって霊界をイメージすることのできない人の場合には、そのままあてはまります。けれども神秘学によって霊界のイメージを受けとると、そのイメージが、死後、生前の自分のことを回想するだけでなく、地上生活そのものの本質を洞察することをも可能にしてくれるのです。生前受容した神秘学のイメージが、死後の認識能力になるのです。

私たちが今、霊界についてのイメージを学びますと、それによって、死後に、霊界から物質界に通じる窓が開かれるのです。そのようにして神秘学の成果は、死の門を通った後も生き続けるのです。

私たちが神秘学から学ぶ事柄は、死んだ概念だけではありません。死の門を通っても生き続ける生きた概念でもあるのです。神秘学は、しばしば述べたように、ひとつの強力な生命の力になりうるのです。

死者は、意識的に、私たちの思考内容の中で生きています。ですから、神秘学を学ぶことによって、私たちは死者のために何かをしてあげることができるのです。

このことは私がしばしば「死者への朗読」についてお話ししたことと結びつきます。

死者は私たちの思想の中にいて、私たちの思想に関心を寄せています。そういうとき、私たちが自分の思想を神秘学を通して深めていき、死者にその自分の思想を朗読し、霊界について知っていること、考えていることを死者に物語るなら、死者はその人の思想を共に体験することができるでしょう。

私たちが神秘学の思想を死者に向けるとき、此岸と彼岸の間に強いきずなが生じます。神秘学は生きているのです。ですから私たちと共にいる死者に、生きた養分を送ることができるのです。

（『カルマの諸作用』チューリヒ　一九一六年一〇月二四日より）

その3

今から三十年以上前に、ゲーテについて本を書いたとき、私は文献学、講壇哲学その他の学者的なやり方で、ゲーテについて書こうとしたのではありませんでした。もともと私にとっての関心のまとは、私の問題領域に関して、ゲーテが現代人に何を語ろうとするかを表現することだったのです。

私がゲーテを研究するのは、死んだゲーテのところへ行くためではなく、ゲーテの遺してくれたものを通して、生きたゲーテと出会う道を見出すためなのです。死者も私たちと変わりのない生者なのだということ、死者が私たちの現に今生きている世界にまで働きかけていること、ただ私たちは肉体をまとって行動しているのに対して、死者は霊として私たちと一緒にいるという点だけが異なっていること、以上のことを前提として、私は今も私たちの魂に語りかけているゲーテへの道を見出そうとしたのです。

一体キリスト教共同体は、本当に死者と生活を共にしているでしょうか。たしかに利己主義的な「不死への信仰」は存在します。それが悪いことだというのではありません。私たちは、神秘学によって私たちとカルマ的に結びついている死者たち、今何千、何万の糸でこの世と結びついている死者たちに出会える道を見出すことができるからです。この地上に生じる事柄の中には、地上の私たちの衝動だけが働いているのではありません。死の門を通過したあとの人間も、この世への働きかけをやめてはいないのです。

私たちは完全に目覚めているのではありません。部分的にしか目覚めていないのです。知覚し表象するときの私たちは目覚めています。しかし感情を働かせるときの私たちはすでに夢見心地でいます。私たちの感情は、私たちの夢見心地と同程度の意識水準の中でいとなまれているのです。そして意志衝動を働かせるときの私たちは、完全に眠りこんでいます。私たちは夢を思い出すことはできますが、通常の意識においては、腕を動かすときの私たちの意志がどう働いているかを知ることはできません。感情の中での私たちは夢見ており、意志の中での私たちは眠っているのです。

さて、私たちが感情と意志とを働かせているとき、その私たちの周囲を霊の世界が取りまいています。ただ通常の意識ではその霊の世界が見えないだけです。私たちはその世界から、知覚と思考によって引き離されています。

私たちが知覚し、思考しつつ、物質界を体験するとき、死者たちが私たちの間を往き来していま す。人びとは人生を生き、そして死の門をくぐります。しかしまだ地上生活との結びつきを失っているのではありません。さまざまな糸が死者から地上の存在にまで通じているのです。私たちとカルマ的に結びついている死者たちが私たちの感情と意志に働きかけているのでなければ、私たちは感情を持つことも、意志を働かせることもできないのです。

人びとが普通、もはや何も残っていないと信じている、この世の過去の生活の数々、それを生きいきとした仕方で肯定することを教えてくれるのが神秘学なのです。……

私たちが成長を遂げるのはこの地上においてだけではありません。死の門を通ったあとでも、私たちは人生を豊かにし、叡智を深めていくのです。この事実を人間は深く実感できなければなりません。この世の出来事について、私たちが意見をきくべきもっとも賢い人たちは、死者たちなのです。このことを、将来、人は理解するようになるでしょう。

現代は意識魂を育成しています（意識魂については私の『神智学』を読んで下さい）。そしてその次に来る文化は霊我を育成します。その霊我は、死者たちがこの世を生きる人びとの助言者になることなしには、決して育成されないのです。

（『時代のしるし──東、西、中部ヨーロッパ』ウルム　一九一八年四月三〇日より）

思考の変容

第一講

ドルナハ　一九一五年九月一七日

物質世界の中で思考し、探求する人にとって、もっとも気にかかる問題のひとつは、生まれてから死ぬまでの間生存のいとなみを続けているこの物質世界と、死後の世界である、人間が本来属している高次の世界との関係を正しく認識することです。

たとえ思考によってはっきりさせることがまだできないとしても、私たちは少なくともなんらかの仕方で、この関係をふまえて生きていかなければなりません。私たちはこの点、生きる上ではっきりした覚悟をもって生きています。死後の世界について、たとえどんなに曖昧な考え方しかまだできていなくても、そして死後の世界について何かを知ることができるとはとても思えなくても、自分を死後の世界と関連づけるのは、人間感情にとって、自然なことであり、ふさわしいことなのです。

一方、これに対して、特にこんにちの唯物主義の時代にあっては、多くの人がそもそも感覚世界を超えた超感覚世界など存在する筈がない、少なくとも人間にはその存在について何かを知ることなどできる筈がない、と思っています。けれどもこの点に関しては、そのような高次の世界に「否定的」な態度をとるのは、そのように教えられてきたからだ、と言い返すこともできます。なぜなら、死後の霊的、超感覚的な世界を否定するのは、人間にとって「あたりまえ」なことではないからです。そのような世界を否定するためには、あらかじめいろいろな理論によって武装していなければならないのです。高次の世界、それをここでは霊界と呼ぶとしますと、そのような霊界をなんらかの度合いの真剣さで否定するには、そう「教え込まれ」なければならないのです。あたりまえな人なら、なんらかの仕方で、心の眼をこの霊界に向けようとする思いをもっているのです。

さて、もちろん霊界、高次の世界または死後の世界について、何も知りたいとは思わない人たちがいますが、この霊界との関係を拒否する何かが、その人たちの中に存在するに違いありません。人間の本来の故郷であるこの霊界の存在を考えられなくさせるような何かがです。

歴史を学べば分かるように、一見互いに矛盾し合うさまざまな哲学や世界観が存在します。しかし、もしも超感覚的世界との関係をつけることが容易だったら、互いに一見矛盾し合っている世界観が哲学の歴史の中にあふれるようなことは起こらなかったでしょう。ですから、そのことだけからも分かるように、霊界との関係をつけるのは、確かに容易なことではないのです。

そこで、はじめに、次のように問おうと思います。――霊界との関係をつけるのが非常に難しいとしたら、一体その難しさはどこから来るのか。人間の魂の中の何がそうさせるのか。

はじめに霊的認識の立場を離れて、つまり通常の哲学や科学の分野での業績をふまえて、そういう分野の試みの根底に何があるのかを考えてみると、こう言わざるをえません。――「それらの分野の研究者たちは、当然のように、思考の力を働かせて、形而下の世界から形而上の世界へ到ろうとしている。そしてその研究者たちは基本的に、人間と感覚を超えた世界との関係について何かを確定することのできる魂の能力を、思考の中に見ていることが分かる。」ですから先ず大切なのは、この思考に眼を向けて、こう問うことなのです。――「物質界を認識する人間の思考と霊界との関係はどのようなものなのか？　物質界を認識する思考は、霊界とどのような関係にあるのか。言い換えれば、人間の心を満足させる認識にとって、私たちの現在の思考にはどのような価値があるのか？　思考の価値とは何か？」

今日は先ずはじめに、準備としてこの問いに眼を向け、次いでそれに関連した思考の可能性の諸問題を取り上げようと思います。物質界の認識にとっての思考の価値を先ず問題にすることで、考察のための準備をしようと思うのです。

さて、以下のような仕方で考察を進めると、いわばこの思考の背後にいたります。

これまで何回も講義で申し上げてきましたように、多くの人は、すべての科学的思考の誤りを、この思考が単なる試し撮り、外的現実の思考による撮影に留まっていないことの中に見ています。その人たちはこう言います。――思考が現実となんらかの関係をもつべきであるなら、自分の中からこの現実の中に何かを持ち込んではならない。なぜなら、思考が何かを現実の中へ持ち込む瞬間に、現実の模像、現実の写真にはならなくなってしまうから。幻想になってしまうから。そういう幻想もしくは空想にならないためには、自分の思考内容の中に外的現実の単なる写真以外のものを持ち込まないように、厳重に注意しなければならない。

さて皆さん、少し考えをめぐらせれば、すぐに次のように言うことができるでしょう。――確かに、外的な物質世界については、このことはまったく正しい。現実の模像の代りに空想の所産を持ち込もうとするのをやめるなら、思考が現実を勝手に色づけたりしないですむ。物質界にとってなら、知覚によって外から受けとるものに思考の色づけを一切しないことは、絶対に正しい。

そこで皆さん、今述べた考え方に対して、二人の哲学者、アリストテレスとライプニッツがどういう態度をとっているかに注意を向けていただきたいのです。

いわば古代ギリシアの世界観を統合している哲学者、アリストテレスは、もはや霊界の秘密になんらかの秘儀によって参入してはいませんでした。彼は「秘儀の時代」が終わったその直後に生きた人でした。

それまでのすべての哲学者は、まだなんらかの仕方で秘儀に関わっていましたから、例えば最高の意味で秘儀参入者であったプラトンと同じように、みずから秘儀参入者として知っていた事柄を哲学として語ったのです。けれどもアリストテレスには、もはや秘儀に関わった痕跡がまったく認められません。それにも拘らず、彼の哲学は、まださまざまな仕方で、秘儀の余波を受けていました。彼は秘儀の衝撃から離れたところで、もっぱら哲学的に語る哲学者でしたが、しかしその哲学の中には、彼以前の秘儀参入者たちが直接的な仕方で与えてきたものが論理的に表現されているのです。それがアリストテレスなのです。

さて、次の言葉は、そのアリストテレスによるものです。——

感覚の中にないものは、知性の中にもない。(『魂について』)

先ずこの言葉をしっかりと受けとめようと思います。——感覚の中にないものは、人間の——そうつけ加えることができます——知性の中にもない。

このアリストテレスの命題は、唯物論的に理解されてはなりません。なぜならアリストテレスの立場は、なんらかの意味で唯物論的に色づけされた世界観とは、まったく離れたところにあるのですから。アリストテレスのこの命題は、世界観としてではなく、認識論として受けとらなければなりません。言い換えれば、アリストテレスは、人間が世界についてのなんらかの認識を自分の内部から取り出せるなどと思ってはならない、と言うのです。感覚を外に向けて、感覚印象を受けとり、知性によってその印象から概念を作り出すことが認識だ、と言うのです。

とはいえ、感覚印象と共に外から霊的なものをも受けとることを、もちろん否定してはいません。アリストテレスは、自然が霊に浸透されている、と考えています。しかし自然に眼を向けない限り、霊的なものには到らない、と考えています。

ここに唯物論者との違いがはっきり表れています。唯物論者は、外には物質存在だけがあり、人はその物質についての概念を作るにすぎない、と思っています。アリストテレスにとっては、自然全体が霊に浸透されているのだからこそ、霊に到る人間の魂の道は、感覚的知覚から出発して、感覚印象から概念を作り出す道でなければならないのです。

もしもアリストテレスがみずから秘儀の衝動と関わっていたなら、こういう言い方はしなかったでしょう。なぜなら、その場合には、私たちが神秘学を通して述べてきたような仕方で、感覚的知覚から自由になることで、内部から霊界を認識することができるのを知っていたでしょうから。ですからアリストテレスは、霊界の存在を否定しようとしたのではなく、人間の認識の歩むべき道を示そうとしたのです。

上述したアリストテレスの命題は後《のち》に、中世において、大きな役割を演じ、更に唯物主義の時代になると、唯物論によって肯定的に受けとられました。このアリストテレスの命題を「この世において、感覚の中に存在しないものは知性にとっても存在しない」と、ちょっと変えるだけで、そこから唯物論が導き出せるのです。アリストテレスの意味での人間認識の道を、世界観の原理として受けとれば、唯物論になってしまうのです。

ライプニッツもそれに似た命題をもって登場しました。ここで彼の命題にも眼を向けてみましょう。ライプニッツはそれほど昔の人ではありません。一七世紀の人です。彼はこう述べました。――人間の――と私たちはここでもつけ加えます。「人間の」知性の中には、感覚の中に存在しないものは何もない。知性そのものを例外として。

人間の知性の中には、知性そのもの、知そのものを除けば、感覚の中に存在しないものは、何も存在しない。

（『人間悟性新論』）

ですから、人間が自分の中で働かせている知性は、感覚の中には存在しない、というのです。まさにこの二つの、アリストテレスとライプニッツの命題の中に、どのような場合にひとつの命題が受け容れられるか、しかしその命題は、どのように不完全なものになりうるか、ということの典型的な例を見てとることができるのです。

ライプニッツのこの命題が哲学的に不完全なものであったとしても、今はそこに立ち入るつもりはありません。今確認しておきたいのは、知性そのものが感覚の中に基礎をおくものなのではなく、感覚によって与えられる内容は知性の働きと結びつけられなければならない、とライプニッツが考えていた、ということだけです。だから、こうも言えるのです。知性そのものは、まだ感覚と結びついていない内的活動なのだ、と。

本来、この内的活動は、物質体である肉体から自由に働いているのです。私たちの用語を使って言えば、この知性という内的活動は、エーテル体の中で働いているのです。そしてこの知性の中には、知性そのもの以外には、感覚の中に存在しないものは何ひとつ存在しないのです。

思考そのものを自己認識によって考察するなら、思考がエーテル体の中のこの知性の働きに他ならないことが分かります。思考は、知性の作業であり、労働なのです。ですから私たちの霊的認識から言えば、ライプニッツは、絶対的に正しいとは言わないまでも、アリストテレスよりももっと正確な考え方をしているのです。

つまり思考は、感覚によっては把握できないエーテル体の活動なのです。人間の思考活動、思考作業は、物質界の外的な現実の中に存在しているのではないのです。なぜなら物質界は、感覚によって認識されるものによってすべて汲みつくされるのですから。

従って私たちがこの世の人間として、物質界に身をおくとき、知性を、つまりそれ自身は物質界に存在していない知性を、物質界以外のところからこの物質界の中に持ち込んでいるのです。

このことから、知性によって宇宙の謎を解明しようとする哲学者たちの困難がどこにあるのか、見えてきます。人びとはこう言わざるをえません。――「よく考えてみると、知性は感覚世界には属していない。だから私は奇妙なところにいる。私は知性以外には、霊界について何も知らない。知性は感性界の背後に存するひとつの霊的事実でなければならない。しかし私は知性の何を知っているのか。知性の中には、感覚によって知ることのできる外的物質世界以外、何も存在していない。他のどんな内容も見出だせない。ただ自分だけがその内容から独立して立っていなければならない。知性はそういうひとつの霊的事実なのだ。」

だからその時の哲学者は、極めて特異な事実に向き合っているのです。つまりこう考えないわけにはいかないのです。――「私の内部には感覚世界から独立した知性の働きがある。私はこの知性の働きによって、感覚世界だけでなく、その感覚世界の裏の秘密をも知りたいと思っている。しかし私は、外なる感覚世界のことしか思考内容にすることができない。しかしこの思考内容は、感覚世界に属していないものによって生じる。一体この思考内容は感覚世界とどういう関わりがあるのか。知性が霊的な事実だと分ったとしても、私がその霊的なものによって、感覚世界以外のなんらかの現実に関われるとは、とても信じられない。」

そこで問題の本質に近づくために、ひとつの比較をしてみようと思います。私たちは同じ問題をこれまでの講義の中では、別の仕方で取り上げて、こう問いかけました。――思考によって作り出されるものは、現実の鏡像にすぎないのか。その鏡像は、現実に付け加えられるだけのものであって、現実そのものではないのではないのか。

皆さん、そのように問うことも、感覚と知性もしくは思考内容との関係について、ただ別な表現をしているだけで、内実は同じ問題を指しているのです。現実を鏡のように映し出しているとしても、その鏡像は、現実にとってはどうでもよいものなのです。なぜなら現実は、そういう鏡像を必要としていないのですから。

一体、思考もしくは知性は、現実的な価値をもっているのでしょうか？　思考は本来、みずからの本質を通して、外なる現実に何か現実的な価値をつけ加えることができるのでしょうか？　個々の思考内容がそもそも現実との関係において鏡のような像でしかないとしたら、そういう思考内容に現実的な価値があるのでしょうか？　そう問うことは、思考と知性の現実的価値そのものを疑うことになってしまうのでしょうか。

そこであらためて、思考内容の現実性を正当に評価するために、今の問いに答えようと思います。――一体、思考内容は、現実的な価値のない、単なる鏡像なのか。そうでないのなら、一体どこに思考内容は現実的価値をもっているのか。

さきほど言いましたように、比較によってこの点をはっきりさせようと思います。――ここに時計があります。私はその時計を持ち上げます。今時計は、私の手の中にありますが、時計に属するすべては、私の手の筋肉や神経の外にあります。私の手とこの時計は別のものです。しかし、考えて下さい。ここがまっくらで、時計がまったく見えないのです。時計は触覚によってしか知覚できません。ですから私が時計の存在を確かめようと思ったら、手で時計をつかむことしかできません。

この場合、私たちが時計の現実性を経験することができるのは、私がその時計を手にもつこと、その時計を把むことによってです。でも、ちょっとこう仮定してみて下さい。私が手を二本ではなく、一本しか持ってないとするのです。そうだったら私は、いつものように、第二の手で第一の手を把むことができません。一つの手で時計を把むことはできるでしょうが、その手をもうひとつの手で把むことはできません。せいぜい鼻でさわることしかできませんが、鼻のことは考慮に入れないでおきます。話がややこしくなりすぎますからね。

私たちに手があるということは、時計があるということと同じように現実です。一体、私たちはどうやって時計の現実性を確信するのでしょうか。その時計を手にとることによってです。では手の現実性は、どうやって確信するのでしょうか。私が第二の手をもっていなかったら、第一の手を手にとることで、その手の存在を確信することはできません。しかし私は、内なる確かさからして、自分が手を持っていることを知っています。私は、時計を手でつかむのと同じように、手でつかむことによって、その手が現実にあるのだ、と認めます。私は手と時計との現実性を、こういう仕方で経験しているのです。

この比較を人間の思考、知性にも適用してみましょう。私たちは知性を知性そのものによって直接把握することはできません。私たちが手で同じ手をつかむことができないようにです。知性は、他の事物を知覚するのと同じようには、知性自身を知覚することはできないのです。それにも拘らず、知性の現実性を内なる確かさによって知っています。知性がみずからの現実性を確信できるのは、内なる確かさによってなのです。

しかしこの知性の作業は、人間の主観の働きです。知性は精神的な手なのです。何かをつかむためにさしのばす手なのです。こういう言い方は比喩的ですが、非常に現実的な比喩です。手は時計の重さ、なめらかさを感じとります。それによって時計が現実に存在することが確信できます。私の手の在りようによって、時計の現実性が分かります。同様に私は、知性の現実に存在する力によって、手の感覚による経験とは違った仕方で、事物について経験することができます。つまり、知性と思考は、私たちが自分について知覚するときの、外的現実の知覚ではなく、内的現実を知覚するための（霊的感覚としての）知覚器官でもあるのです。

しかし皆さん、ここに哲学者たちにとっての難問が生じます。世界についての思考内容を得るとしたら、その思考内容は外から来るのでなければなりません。ところが思考内容は外からやってくるのではなく、知性が思考内容を作り出すのです。知性は外なる現実とは異質なものなのです。ですからそもそも、すべての思考内容は、感覚内容と結びつかない限り、想像の産物だと見做さざるをえないのです。

知性が生じさせる現実は、主観的な現実、内的に体験された現実なのです。その現実の中で、知性が知覚できるのです。ですから知性本来の在りようについては、こう言わざるをえません。――「確かに知性が生み出す現実はすべて、外的現実の単なる鏡像である、と言わなければならない。けれどもこの鏡像は、知性の働きという別の現実によって生じた。この鏡像は人間の内なる働きの結果である。この働きもひとつの現実である理由は、知性が知性によって知性の現実性を知覚するのだからである。」

人間の知的な活動は、人間の内部における活動です。この活動は、外なる世界にとっては何の意味もありません。時計にとって、手が何の意味もないようにです。時計にとっては、自分が人間の手に握られているか、いないかは、どうでもいいことです。人間が知性によって事物についての何らかの像を作るのは、外なる世界のためではなく、人間のためなのです。しかし外なる物質界の諸事物にとっては、人間の知性が働いて得たものなど、非現実であり、鏡像であり、死んだものであり、生きていません。知性の働きで得た物質界の像は、外なる存在にとっては、生きていない、死んだ像なのです。

人間が物質界について作り出す像は、外なる物質界にとっては、死んだ像なのです。知性によるこの認識内容は、外なる物質界にとっては、出来の悪い模造品以上のものではありえないのです。

しかし時間の中で人生を体験するときには、事情がまったく違ってきます。外界の諸事物に向き合い、知性によってその諸事物についてのイメージを作るときの私たちは、たとえそのイメージが死んだ諸概念でしかなかったとしても、その死んだ諸概念を心の中に保存して、しばらく経ち、イメージを作ったときの体験がすでに遠い過去のものになった頃にも、記憶に甦らせることができます。体験の死んだイメージを記憶に甦らせることができるのです。体験そのものではなくても、その時の記憶を甦らせることはできるのです。記憶に甦らせる以前は、自分の意識の中にその体験が見出せなかったとしても、私の心のどこかに、無意識の中に、その体験が存在していたのです。ですから無意識の中から意識の中へ取り出してくることができるのです。

私が経験した過去の出来事は、イメージとなって無意識の中に沈んでいます。過去の体験内容は、意識の下に沈んでいます。私はその内容を意識の表面に取り出してくることができるのです。

しかし意識の下に沈んでいるときも、その体験内容は無意味に存在しているのではありません。日常生活においても、楽しかった体験内容と楽しくなかった体験内容とが、共に無意識の中に沈んでいたとしても、嬉しかった体験内容の無意識像と悲しく、つらかった体験内容の無意識像との違いは、決定的に大きいのです。そしてこの違いが特にはっきり分かるのは、通常の記憶から消えてしまっているようなイメージの現実価値をさぐることができたときなのです。

そこで今問題にしたいのは、楽しい思い出であれ、悲しい思い出であれ、それをその後二度と思い出す機会がなかったような場合です。そういう思い出が甦える機会がなかったとしても、その思い出は、無意識の心のいとなみの中で、一定の役割を演じているのです。たとえまったく忘れてしまっていたとしても、心の内部に貯えられた表象〔シュタイナーは誰にでも通用する客観的な意味内容を概念と呼び、個人的に把握された主観的な意味内容を表象と呼び、後者を感情や意志のエネルギーを内に秘めたイメージの意味でも用いている〕の数かずを、霊的認識の立場から探求するなら、こう言うことができるのです。――「われわれは本来、常に過去の諸体験の所産である」、と。

私たちが日常、特に一人でいるとき、どんな顔をしているかは、私たちがこの世の人生において何を体験してきたかによってきまるのです。子どもの頃いろいろ悲しい思いをしてきた人の悲しみは、その人の顔から読み取ることができます。ですから意識の下でのいとなみは、私たちの人生の諸経過に関与している、とも言えます。つらく悲しい思いが忘れ去られ、無意識の中に押し込められると、その思いは私たちの心をむしばみ、私たちの生命力の働きを妨げます。嬉しかったこと、心を高揚させたことは私たちを生きいきとさせます。現在の気分、心身の状態全体は、無意識の中に働いているものに非常に依存している、と思わざるをえないのです。

そこで今、無意識の心のいとなみになった表象内容と現在私たちの意識の中でいとなまれている表象内容とを較べてみるなら、私たちはこう言うことができるでしょう。――「いま現在意識している表象内容は、死んでいる。死んでいる表象内容は、私たちの生命過程には関与しない。その表象内容が無意識の中に沈んだときはじめて、生命過程に関与し始める。そして生命を促進したり、生命を妨害したりする表象内容になる」、と。

ですから表象内容は、心の深い奥底に沈むことによってはじめて、生き始めるのです。

私は魂のいとなみの隠された（知られざる）諸根拠について、いろいろなところで話してきましたが、いつもこのことに注意を向けようとしてきました。ですから、はじめは鏡像のように死んでいる表象内容でも、私たちの魂の深層に移植されると、生き始めるのです。その表象内容は、忘れられ、無意識の中に沈んでいけばいくほど、生きたものになるのです。

この過程を霊的な認識で辿りますと、非常に独特なことが見えてくるのですが、私はこういう描き方しかできません。

この横線が意識と無意識の境界です。私たちは意識生活の中でさまざまな表象内容を作り出します。ここでは表象内容を三つの図形で表しています。この三つの表象内容が無意識の中に沈むのです。

今沈んでいくこれらの表象内容を霊的認識によって辿りますと、それらの内容に変化が認められるのです。外から見ると、それらの表象内容は生命を促進したり、生命を妨害したりしています。そして内から霊的認識によって見ると、いわば意識の表面下に沈んでいくことによって、それらの表象内容は霊視内容になるのです。無意識の中で沈んだすべては霊視内容になるのです。そのすべてがイメージの生きた働きになるのです。

私たちは、いつもの日常意識の中で、ありとあらゆる抽象的な概念を具象的な表象に作り変えることができます。その私たちが、いつもの日常意識の識域下へ降りていくと、その作り変えられた表象内容のすべてが霊視内容になるのです。地上的な、通常の、唯物主義的な意識によって産み出された表象内容も、無意識の中に沈むことによって、まだ霊視認識を身につけていないどんな人の中でも、無意識の中で、一連の経過を通して、霊視内容に変化しているのです。

無意識の中での私たちの表象活動はすべて、無意識の霊視体験なのです。

そして私たちが表象内容を無意識から意識に引き上げるときには、その表象内容の霊視的性格が失われ、ふたたび非霊視的な表象内容に変化してしまうのです。そして私たちが何かを体験したのに、そのことを忘れてしまい、思い出そうと一生懸命になるとき、――きっと皆さんは誰でも経験があると思いますが――、意識下に沈んでいるイメージの霊視的性質が失われ、意識の死んだ形式の中にそのイメージがふたたびはめこまれて現れてくるのです。

このことから分かるように、無意識の中での表象内容は、より霊的になっているのです。知性が提供する死んだ概念も、無意識の中へ沈められると、より生命的な、より霊的な世界に組みこまれるのです。ですから、私たちの想起可能な世界は――どうぞ「想起可能な世界」という言い方に注意して下さい。私たちは、無意識の中に沈んでいるすべての表象内容をもう一度思い出す必要があるわけではありませんが、しかしその無意識の表象内容のすべては、無意識の魂のいとなみの中で、「想起可能な世界」となっています。つまり――霊視内容となって、無意識の霊視内容となって、存在しているのです。

さて、人間の正常な意識の場合でも、いつもなら決して想起可能な世界から現実に想起された世界へ移行することのない心象が、何かのきっかけで意識化されることがあります。（同じような可能性は、別の時にも生じることがありますが、それについてはこの数日の間にお話しするつもりです。）

溺れそうになった人のことを考えてみて下さい。そういう人の体験したことと死の門を通った人の体験とを較べてみると、いずれの場合にも、通常の物質生活における働きでは意識化できないような表象内容が、意識の表面にまでおのずと浮かび上ってくるのです。

通常の夢の中にも、そのような表象内容が断片的に現れてきます。夢も複雑な現実なのです。夢の中で体験されるべきものは、本来、さまざまに夢の背後に横たわって、出番を待っているのですが、しかし記憶から取り出された表象内容がその上を覆っているのです。ですから断片的ながら、夢も、溺れかけた人の体験のような死と紙一重の体験も、死の直後の体験も、霊視の世界を、つまり物質界での通常の人間知性の世界よりももっと霊的な世界を、開示してくれているのです。

しかし、先程述べたように、想起可能な霊視領域へ移行した表象内容は、生命を促進することも、生命を妨害することもあります。いずれにせよ、そこには何らかの生命活動が見られるのです。通常の知性の表象内容は死んでいますが、霊視的な表象内容には、何らかの生命が働いています。しかしいつでも特別強力な生命が動いている、とは言えません。

例えば、或る人が何かを暗記して、そして眠ったとします。どこにでもある事実を取り上げてみましょう。私は眠ることが記憶力を増すのに役に立つ、と言いました。もちろんこの言い方は、神秘学がはるかにはっきりと、完全にはっきりと示していることをそっと示唆しているにすぎません。すなわち、神秘学によれば、私たちの表象世界全体は、意識の中では死んでいるのに、私たちがそれを無意識の中に沈めて育成すると、無意識の中でますます生きいきとしていくのです。けれどもふたたび意識の表面に浮かび上ったときの表象内容は、生命を促進したり妨害したりする表象内容ではなく、私たちの意識生活と結びついている表象内容です。けれども、しばしばそっと同伴者のように人生に寄りそい、まだはっきりとは意識されてはいない表象内容は、私たちの生命を促進したり妨害したりする力とはるかに強力に結びついているのです。

考えてみて下さい。誰かが神秘学を学ぶとします。その人ははじめ、物質的な知性を働かせて、神秘学を学びます。そういうところから神秘学を学びはじめます。ですからその物質的な知性は、感覚を通して知覚するものに頼らざるをえません。私もそうしなければ、霊界について何も語れないのです。なぜなら、言語は物質界のために存在しているのですから。けれども、どんな生き方の中でこういう表象世界を受容するのか、その在りようには、大きな違いが生じます。

例えば或る人が神秘学の真実を真剣に学ぶとします。別の人は神秘学の表象内容をもっぱら理論的に受けとり、それほど真剣に受けとってはいません。一方の人はいわば表面的に、別の人は真剣に学ぶのです。その表象内容をどのように受けとるのか、はっきり意識化する必要はありません。大切なのは、そのことをいつも心にかけることではなく、むしろどう生きるかに関わっているることなのです。

真剣に受けとるべき事柄を、いいかげんに、皮肉な態度で受けとるのではなく、まさに真剣に受けとることのできる人、そうすることが身についている人は、どのように受けとるべきか、いちいち考えたりはしません。真剣に、そして自然に考えます。表面的な生き方をする人は、霊的な表象内容をも表面的に受けとります。

私たちは、自分の表象生活を、表象されずに意識の傍らをさまよっているものと結びつけなければなりません。意識の傍らをさまよっているものは、私たちの意識的な思考よりもはるかに深く、無意識の中に沈んでいきます。人間が眠り、アストラル体と自我が肉体、エーテル体から離れたときには、そのアストラル体と自我の中で、表象を形成するやり方が限りなく大きな役割を演じます。真剣な態度で表象内容を受けとる人は、その表象内容を、アストラル体と自我の中で、丁度太陽の生かす力が植物のために働くときのように、生かす力として受けとっているのです。本当に、最高度に生かす力としてです。

人間がこのような表象内容の中の「生かす力」を取り込みますと、その生かす力は、現在の人生を超えて、次なる来世の人生の準備をしてくれるのです。このような創造する力を、夢よりももっと霊的な力を、私たちは無意識の中に持っているのです。

この無意識の表象生活の世界は、人間存在の核心と結びついています。その世界は私たちの霊的な生命力に働きかける、いわば無意識的なインスピレーション（霊聴）なのです。

今日はもう時間がありませんので、次回にお話ししようと思いますが、日常生活の中にすでに示されているように、この無意識的な霊聴体験は、それが生み出される人生において、すでに人間の中で働いています。しかしまさに無意識にです。更に次の回でお話しするつもりですが、人間には更に高次の世界があるのです。しかしすでに今日の話からも分かっていただけたと思いますが、人間の魂のいとなみは、ひとつの内なる運動をもっています。物質界で物質的な知性によって体験されるものは、更に意識下の領域に降りていきます。そして物質界で体験されるよりももっと霊的な領域へ、最後には更にもっと霊的な領域にまで昇っていくのです。

ですから表象のいとなみは、内なる運動として上昇する運動であり、下降する運動なのです。そのように、人間の中には下降の流れと上昇の流れがあって、互いに働き合っています。どのように働き合っているかについては、明日お話しするつもりです。

第二講

ドルナハ　一九一五年九月一八日

昨日は、人間本性に基礎をおいた一種の上昇運動のお話しをしました（次頁、図参照）。そしてこの上昇運動をふまえて、『いかにして超感覚的世界の認識を獲得するか』の中で「対象的認識」と呼ばれた物質上の認識、物質界の知覚内容だけを対象とする認識を、認識におけるもっとも低次の段階である、と述べました。この対象的認識を、「物質認識」と呼ぶこともできます。認識上、この物質認識の一段上の状態は、いわゆる霊視認識《イマジネーション》ですが、昨日私たちは、この認識を無意識的な認識行為であると述べました。しかし意識的な霊視認識もありえます。このことも、『いかにして超感覚的世界の認識を獲得するか』で述べた通りです。

今日は、この霊視認識《イマジネーション》とは何か、について詳しくお話ししたいと思います。この霊視認識の内容は、どんな人の無意識の中にも存在しているのですから、この点で、人間の認識上の進歩とは、すべての人の魂の中に存在している無意識の領域にまで意識の光を当てることに他ならないので

無意識的な表象生活の世界	：	霊聴
想起可能な世界	：	霊視
知的な働き	：	死んだイメージ

す。つまり、霊視認識とは、まっ暗な部屋の中にある諸対象に光を当てる認識行為のことなのです。事実、人間の魂の深層には、まっ暗な部屋の中の諸対象のような在り方で、すべての霊視内容が存在しているのです。

認識のまっ暗な部屋に明りがともされても、諸対象の数が増えるわけではありません。すべては以前と同じままに存在しています。ただ明るく照らされるのです。私たちが霊視認識を獲得したとしても、以前から魂の中に霊視内容として存在していたものだけを体験しているのです。

もう一度、昨日述べたことを繰り返しておきますと、物質対象を通して獲得した記憶内容は、想起可能な領域の中に、つまり無意識の中に沈みます。私たちが一時その内容を思い出せずにいるとしても、その記憶内容は失われてしまったのではなく、機会さえあれば、魂の中からふたたび現れてくることができるのです。

言い換えれば、私たちが物質認識によって外界から得た知覚内容と記憶内容の世界は、いつでも無意識の中の霊的＝超感覚的なものによって受けとられ、保存されているのです。外の世界は絶えずこういう仕方で超感覚的なものの中に入り込んでいるのです。どんな瞬間にも、私たちが物質的知覚を通して外界の表象《イメージ》を得ますと、その表象《イメージ》内容は、私たちの超感覚的な本性に引き渡されるのです。

以上第一講で述べたことを、これまで何年もかかってお話ししてきたすべてと結びつけて考えてみるのは、皆さんにとって難しいことではないでしょう。なぜならこのことは、まさに考えうるもっとも身近かな超感覚的過程なのですから。外からの印象が思い出すことのできるイメージ内容になるこの過程は、日常いつでも生じているのです。

外界を知覚するのは、物質の次元での経過です。外界を表象《イメージ》するのも、まだ物質界での経過です。しかしその表象《イメージ》内容を無意識の中に沈める瞬間に、私たちはすでに、超感覚的世界の中に入っているのです。

いろいろとオカルト的なおしゃべりをするのではなく、真剣な人生体験を通して、超感覚的な世界を理解しようとするときには、この経過はとても重要な意味をもつのです。なぜなら、外界の諸事物に向き合い、表象《イメージ》を作るのは、物質界での行為ですが、無意識の中に沈んだ表象を思い出し、意識の表面に浮かび上らせる瞬間に、超感覚的な経過が、本当に超感覚的な経過が生じるのですから。

意識の表面にあるひとつの思いが無意識の中に沈み、そして無意識の中のイメージとなって存在するまでの経過を辿り、無意識の中にある表象内容と出会うことができるなら、すでに超感覚的な領域の中に参入しているのです。

どうぞ考えてみて下さい。皆さん、通常の思い出すことと、無意識の中にまで表象《イメージ》を辿ることとは違います。思い出すのは、泳ぎをする人を見ているのに似ています。泳ぎをする人は、水中にもぐります。皆さんはその泳ぎ手が沈んで見えなくなるまで見続けます。今その泳ぎ手は海中深くにまでもぐったので、もはやその姿を見ることができませんが、ふたたび浮かび上ってくると、またその姿が見えてきます。

人間の表象《イメージ》にも同じことが言えます。表象《イメージ》が意識の表面に存在している間は、その姿が見えています。意識の奥に沈んでいきますと、皆さんはその表象《イメージ》を忘れてしまいます。そしてふたたび思い出すとき、その表象《イメージ》がふたたび、泳ぎ手と同じように浮かび上ってきます。しかし無意識の中にまでイメージを辿る過程は、すでに霊視認識と結びついているのです。皆さん自身がもぐって行って、泳ぎ手を水中で見ているのと較べられるような過程なのです。その泳ぎ手は、海中深くにまで沈んでいっても、皆さんにとって消えてしまったのではないのです。

このことから分かるのは、次のことです。今描いた線は、いわば水面を示しています。この水面の下で、表象《イメージ》は無意識の中に、「記憶の可能性」の中に沈むのです。ですからこの水面は霊界との境域でもあります。物質界と霊界との境域なのです。そして私たち人間は、この霊界との境域のすぐ近くにいます。どうぞそのことをよく考えてみて下さい。

私たち自身がうまくもぐっていけるような経過があります。表象《イメージ》内容を無意識の中にまで辿っていけるような経過です。その経過を知るには、いろいろと試みてみなければなりません。例えば次のように試みるのです。

私たちは、外界についての表象《イメージ》内容を作り、外界から独立して、外界についてのその記憶を思い出そうと試みます。そのやり方は『いかにして超感覚的世界の認識を獲得するか』の中では、日常の出来事の「遡行観《リュックシャウ》」として、つまり逆に辿っていく観想として述べられています。私たちが毎日の体験を、時間の経過とは逆に辿りますと、表象《イメージ》が無意識の中に沈み、そしてふたたび意識上に昇ってくるという、表象《イメージ》自身の行う過程を辿る練習をすることになります。ですから時間を逆に辿る想起の経過全体が、識域下に沈んでしまった表象《イメージ》内容を辿るように意図されているのです。

『いかにして超感覚的世界の認識を獲得するか』の中で述べられているように、私たちの作り上げた諸表象を逆に、つまり終わりから始めに向って辿って行くことは、霊視を体験する上で基本的に大切な作業です。一日をふり返って、夜から朝まで、出来事の流れを逆に辿るのですが、そうすることによって、私たちの意識は通常の思い出す時とは異なる、別の緊張を強いられます。

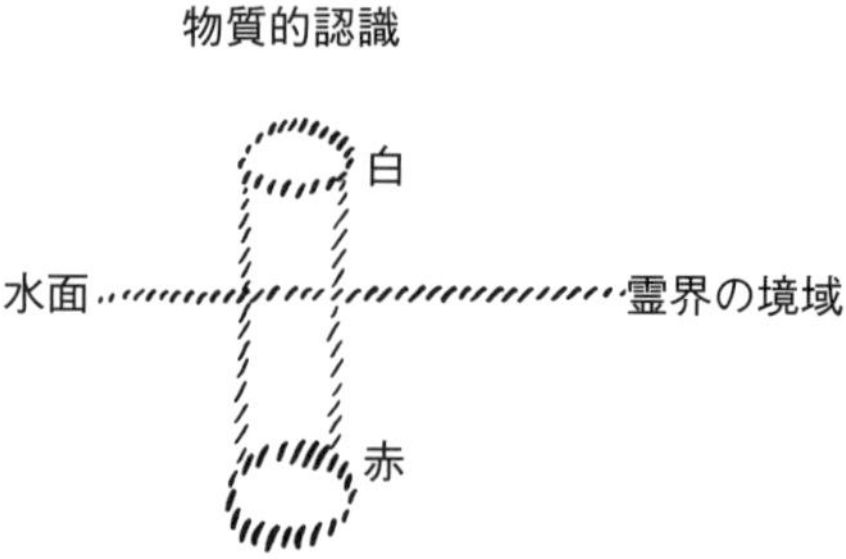

そしてこの別な仕方でなされる想起力の緊張は、意識の識域下にある表象《イメージ》を意識化するように促します。そしてその試みをすることによって、私たちは、どのようにすれば、意識の識域下にまで表象の流れを辿ることができるのかを内的に感じとることができるようになります。

その時大切なのは、本当に内なる体験をしようと試みることです。けれども、そのためには、この遡行する想起を真剣に行わなければなりません。しばらく試みただけで、すぐに真剣味がなくなるようではだめです。けれども、この遡行する想起を比較的長い間試みますと、その遡行する時間の流れの範囲は、夜から朝まででも、数十分間の出来事でも、もしくはひとつの物語りを逆に辿るのでも、どのような場合でもいいのですが、事柄を逆に辿りながら、いつものやり方で想起するよりもより大きな努力を払いますと、或る時点から、日常生活における時の流れとは違う時間体験ができるようになるのです。

物質界での想起は――それが物質界での想起にとっては最善な

のですが――思い出そうとするイメージを、生活上の前後関係に忠実に従って思い出そうとします。まさに物質界で経過する通りに想起しようとします。けれども次第に、上述した試みを繰り返すことによって、識域下での経過に従って想起するようになります。識域下におけるイメージの流れは、日常生活におけるようには現れません。もしも私たちが、霊界におけるイメージが物質界におけるイメージの単なる模造品のようなものでしかない、と思っていたら、私たちはいつもそう思ってしまうのですが、それは大きな誤りです。表象内容《イメージ》は、識域下においては、違った現れ方をするのです。識域下におけるイメージは、物質界におけるイメージとはまったく違っているのです。

このことは、時間の流れ方だけに限りません。時間の経過から離れても、識域下のイメージは、まったく生きいきとしています。いのちがイメージの中に生まなましく感じとれます。「私たちは識域下のイメージの中にいのちを感知する」、この命題に眼を向けることも、非常に大切です。イメージは生き始め、動き始めます。そのことが感じとれたなら、本当に意識の境域の下にまで、イメージについていけたのです。

以前私は、霊視認識に到ったときのことを、頭を蟻塚の中につっこむのに似ている、と申し上げました。別の観点からそんな説明をしたことがありますが、その時も、すべてが動き始める、すべてが活動的になる、と申し上げたかったのです。

例えば、ごく日常的な体験の例ですが、机の前に坐って、手に本をもっていたとします。その時の、多分夜の、自分のことを、あとであらためて生きいきと思い浮かべるのです。――机、本、坐っている自分のことをです。その時の皆さんは、本に熱中して、われを忘れていたかも知れません。そういう時過去のひとこまを思い出すのに大切なのは、そういう一つひとつを、そして状況そのものを、はじめからイメージゆたかに思い浮かべることです。抽象的に考えてはいけません。抽象能力は、霊視世界にとっては、まったく何の意味もないのですから。ですから、皆さんは手に本をもって、机の前に坐っています。

机と本と坐っている自分とから成る、日常生活の一断面を、できる限り生きいきと心に思い浮かべるのです。本当に魂の眼をこのイメージに向け、本当に集中してこの日常の一断面を繰り返して瞑想するのです。そういうとき、皆さんは或る瞬間から、いつもとは違う何かを感じるようになります。まるで何か生きものを手で握ったかのような感じをもつのです。

生きていないものを手にとったときは、その何かが静かにしています。手の中でごそごそ動いたりはしません。生きものではない何かが手の中で動いたとしても、その動きが機械によるものであれば、皆さんは落ち着いていられます。もしもその何かがはつかねずみのような生きものでなら、落ち着いてはいられません。例えば皆さんが押し入れの中に手をつっこんで、小さなねずみを掴んでしまったとします。ねずみが手の中でごそごそ動いています。突然手の中にねずみがいるのが分かったら、皆さんはものすごい叫び声をあげるかも知れません。ねずみなのかどうか、正体がつかめない時は、もっとひどい声をあげるかも知れません。手の中で何かがごそごそうごめいているのです。

ですから、手の中のものが、生きているか死んでいるかは、大違いです。でも、なれているものなら、何でもありません。犬や猫にさわるのには、なれています。しかし夜、まっくらな闇の中で、生きものが手の中に入ってきたら、誰だって大さわぎするでしょう。

生きていないものと生きているものとをつかんだ時の感触の違いを、イメージしてみて下さい。死んだものの感触と生きたものの感触とは明らかに違います。皆さんが物質界において何かをイメージする時には、死んだものをつかんだときの感触に較べられるようなイメージをもちます。しかし、皆さんが意識の識域下に降りていくと、ただちに印象が変わります。なぜならそこでのイメージは、内的に生きており、動き出すのですから。皆さんは、小さなねずみをつかんだかのように、イメージがごそごそうごめいているのに、すぐ気づかれるでしょう。あくまでも魂の感触としてですが。

霊視認識とは何かを知ろうとするのでしたら、この感触に注意することが、非常に大切です。霊視とは、イ、メ、ー、ジ、による思考のことですが、その際イメージに変化が生じるのです。霊視認識においては、無意識から取り出してくるイメージがごそごそし始めるのです。識域下においては、本来、すべてのイメージが泡立ち、渦巻いていますが、霊視とは、そういう識域下のイメージを意識化することなのです。

意識の表面の小部屋においては、イメージのすべてがまったく安定しており、静かにおさまっています。すべてが機械のように整備されています。しかし識域下においては、イメージからイメージへと移ります。そしてどのイメージもごそごそし、泡立ち、渦巻き、すべてが突然、まったく活動的な世界に変わるのです。

どうぞこの感触を身につけて下さい。イメージの世界のいのちを感じ始めた瞬間に、私たちはすでに霊視世界もしくは元素界の中にいるのです。その世界の只中にいるのです。

私たちが『いかにして超感覚的世界の認識を獲得するか』の一番簡単な規則に従うなら、それだけでこの霊視世界の中に入っていけます。その場合には、先回と今回取り上げてきた、長い年月を要する「実践」に入っていこうとしなくてもいいのです。『いかにして超感覚的世界の認識を獲得するか』の中で、先ず第一に行うべきこととして、はっきりと述べてあることを、少し考えてみればいいのです。

例えば、或る植物のいのちの営みを辿ってみるように、と述べてあります。植物がどのように成長していくか、どのように次第に枯れていくか、を辿るのです。皆さんがこの植物のいのちの営みをイメージに変え、そのイメージを本当に辿り始めますと、思考を通してそのイメージの中に生きることができます。先ずはじめに、まったく小さな種子のことを考えます。種子から根が出、葉がひろがります。皆さんがこの思考を動きのあるものにしないなら、植物の成長を辿ることにはなりません。思考を動的にしなければなりません。思考を動的にして、更に植物が葉を落とし、次第に枯れていくさまを考えるのです。生あるものを考え始めるときには、すぐに思考そのものを動的にしなければなりません。思考は皆さん自身の力を通して、内的な運動性をもち始めなければなりません。

ゲーテは二つの美しい詩を書きました。ひとつは「植物のメタモルフォーゼ」といい、もうひとつは「動物のメタモルフォーゼ」といいます。私たちはこの二つの詩を読み、すぐれた詩だと納得することもできますが、次のような読み方もできます。

この二つの詩に述べられている思考内容を、ゲーテが考えたように考えようと試みるのです。第一行から最後の行までをそのように考えようと試みますと、イメージが、始めから終わりまで、内的に動き始めるのです。この二つの詩のイメージをそのように辿ることをしなければ、メタモルフォーゼが見えてきません。

イメージをそのように辿り、そしてそのイメージを無意識の中に沈めるのです。そのような試みを何度も何度も繰り返したあとで、このイメージのメタモルフォーゼをあらためて思い出すのです。――この試みは、『いかにして超感覚的世界の認識を獲得するか』の中に述べられている、植物のいのちの営みを辿ることとまったく同じ思考の試みです（ちくま学芸文庫版七五頁以下参照）。

もしも私たちがこの試みを繰り返して、イメージを無意識の中に沈め、そしてこの試みを五〇回、六〇回、一〇〇回続けますと、多分一〇〇回は繰り返す必要があると思いますが、この試みを続けますと、或るとき、私たちはこのイメージが意識の上に浮かび上ってくるのを体験するでしょう。しかもそのときのイメージは、動きが小さな機械のようなものとしてではなく、――また同じ例ですみません――、小さなねずみのようなものになって浮かび上ってくるのです。イメージそのものを内的に動いている、生きたエレメントであるかのように体験するのです。

先程言いましたように、少しだけでも抽象的な概念思考への傾きから解放されるなら、私たちは容易にこのエレメント界〔自然の生命力《エレメント》を地水火風という四つの生命力として捉える神秘学上の用語。ここではイメージにも同じ基本的生命力が宿っている、と述べている〕の中に沈潜することができます。

内的に動きのあるイメージではなく、限定された、抽象的な概念にしがみつこうとする傾向は、おそろしく強力です。人は、あれこれの事柄が何であるか、どんな意味があるのかを、すべての事柄について問題にすることができると思っています。そしてあれこれの事柄が、機械と同じような、内的に活動的でない抽象概念によって説明されると、それで満足してしまいます。そういう人がそういう抽象的な、四角い箱のような思考内容ではない、生きた、動きのあるイメージをあらゆる手段で、伝えようとする人に出会うと、日常生活の場においても、おそろしく気が短くなって、いらいらしてしまうのです。

実際、物質界におけるすべての日常生活は、そして物質科学のすべてのいとなみは、こういう死んだ、四角い箱のような、枠にはめこまれた思考内容から成り立っているのです。何度も何度も体験させせられてきたのですが、人びとは私にあれこれについてこう問うのです。――それがどうだというのか。何が問題なのかと。つまり、生きたイメージではなく、完結した、はっきりと輪郭づけられた思考内容を求めるのです。そのままノートに書きうつして、読み返し、すきなときに繰り返せるような思考内容しか信じられないのです。でも大切なのは、内的に動きのあるイメージをもとうと努力することなのです。生き続ける、本当に生き続けるイメージが大切なのです。

皆さん、小さなねずみの比喩は、深刻な意味をもっています。だからこそ、誰かが押入れに手をつっこんで、小さなねずみをつかんだとき、大きな叫び声を上げるのです。そういう人は、どうして叫び声をあげるのでしょうか。この同じ恐怖の感情が、イメージが生きている、と気づいた瞬間にも現れるのです。その時も人は、こわい、と思い、ゾッとするのです。ですから、小さなねずみをつかむことは、生きたイメージを前にした時の恐怖に慣れるためのよい準備になるとも言えます。

唯物主義者は、これまで何度も言いましたように、そういう生きたイメージをもとうとは思っていません。なぜでしょうか。なぜなら唯物主義者は恐怖を知っているからです。実際、唯物主義の師であるアーリマンは、一度、神秘劇の中で「恐怖」という名で登場しました。イメージが動き出すときに人びとが感じるものを暗示している場面でのことです（『境域の守護霊』第六場）。

さて、『いかにして超感覚的世界の認識を獲得するか』におけるすべての内容は、それを受けとる人が動きのある、生きたイメージに対するこの恐怖から抜け出せるように意図されています。ですから物質界から離れて、まったく別の世界に入るとき、私たちはその別の世界が無意識界であっても、死後の世界であっても、その世界の境域で、物質界全体を支配している抽象的思考を正しく脱ぎすてなければなりません。或る種の安易さをもってオカルト世界に入ろうとする人たちの努力は、いつでも物質界のいつもの思考を別の世界の中に持ち込もうとしています。でもそんなことはできません。オカルト世界の中に通常の物質的な思考を持ち込むことはできません。動いているイメージ思考を持ち込むのでなければなりません。すべてのイメージが活発で、動きのある思考にならなければなりません。このことを自分の中に感じとれなければ、――そしてすでに述べたように、このことを比較的すぐに感じとれなければ、正しい態度をとっているとはいえません――私が今言いましたことを顧慮しなければ、霊界の独自性は把握できません。しかし、そもそも霊界に向き合おうとするのであれば、霊界の独自性を知るべきなのです。

皆さん、この分野で人間の抽象性と戦うのは、非常に難しいのです。なぜなら、イメージのこの動きを皆さんが理解したとき、動いているイメージが好むとおりにそこここに現れることなどありえない、ということも理解するでしょうから。例えば、陸上動物を水中に見出だすことはできませんし、空を飛んでいる鳥を水中で生きるようにしつけることもできません。生きものであれば、そのいきものをその生活圏から引きずり出して、別な生き方をさせようなどと思ってはなりません。このことを忘れてはならないのです。

コペンハーゲンで、「個人と人類の霊的な導き」と題した小さな連続講義を行ったことがあります。それはすでに印刷されていますが、その中で私は、二人のイエス少年の秘密に言及しました。この連続講義では、先ず人類の進化にヒエラルキアが関与していることを述べ、それから人類の進化全体の関連の中で、その特定のところで、二人のイエス少年に言及されています。

そこで、もし誰かが、この二人のイエス少年に言及した部分だけを抜き出して紹介したら、一般の読者にはもっと納得してもらえるのではないか、と言う人がいるとしたら、その人は、なぜ手は腕についているのか、からだの他の部分にくっついていてもいいのではないか、と言う人に似ています。

しかしそう言う人は、人体を生体として理解していませんよね。手は、腕の先のところにしかついてはいけないのです。それと同じ意味で、二人のイエス少年についての記述は、別の箇所には置けないのです。生きたイメージが記述の中で存在できるように、全体が構成されているのですから。

もしも誰かがエッセーを書いたときに、この二人のイエス少年のイメージがさつなやり方で取り出され、別の思想と結びつけられていたとします。まったく関連のない思想とです。そうしたら、手を膝の先にくっつけるのと同じやり方になるのではないでしょうか。

手を膝の先にくっつけることで何をやっているのでしょうか。生体の場合には、そんなことは許されませんが、それを紙面に図に描くことならできます。

紙なら寛容ですから、誰かが紙面に人体図を描き、両手が膝から生えているようにすることも可能です。でも生体の場合には、ありえません。そんなことをする人は、人間の生命についてまったく理解していません。同じような比較をするとすれば、空を飛んでいる鳥を深い海の中に沈めるのにも似ています。

物質界の認識に関わることでしたら、どんなことでもやれますから、或る大学教授は本を書き、或ることから論を始めます。別の教授は同じ論を別のことから始めます。そうしてもかまいません。事柄をどこからでも取り出してくることができます。しかし生きた存在に対しては、そんなことはできません。できるのは、機械的な思考の場合のみです。これが本質なのです。

ですから神秘学の問題を扱うときにも、ひとつの事柄をその関連の中から取り出して、ありえないような別の関連の中に移すことに違和感を感じないでいられます。神秘学がそもそもの出発点から大切にしてきた思考の生命化の問題にはまったく無関心に、通常の唯物的な図式に従って神秘学の課題をも取上げているのです。このことは非常に本質的な問題ですから、このことをよく意識しておかないと、高次の認識に必要な神経を自分で否定することになってしまいます。

好きな時に好きなところでなんでも言える、というわけではないのです。或る思想とそれの置かれている場とは切り離せない、とヘーゲルが述べている通りなのです。最近、このことをヘーゲルの誕生日に申し上げました。このことをふまえて、私たちはイメージを生命の場の中に沈潜させるのです。そうでないなら、思考の対象は常に死せる事柄に限られてしまいます。

しかしそれだけでなく、これまで物質界ではまったく検討できなかった問題、つまり生成と消滅の問題も関連して出てくるのです。このことも『いかにして超感覚的世界の認識を獲得するか』の中に読みとることができます。

物質界においては、すでに生じた事柄しか観察できず、生成そのものは観察できません。生じたものだけが物質界においては観察できるのです。消滅もまた、物質界の中では観察できません。なぜなら対象が消滅してしまうと、もはや物質界に存在することができなくなるか、或いは、物質界から去っていくしかないのですから。

生成も消滅も、物質界においては観察できませんが、もしも私たちが動的なイメージをもてたら、そのイメージと共に、新しい宇宙要素である生命世界の中へ入っていけます。そしてその生命世界こそが、生成と消滅の世界なのです。

神秘学の用語を使えば、次のように表現できます。——人間は、月紀の時代、生成と消滅の世界の中にいた、と。でも当時の人間が生成そのものを感覚によって見た、というのではありません。月紀においては、まだ感覚的に知覚する能力はありませんでした。月紀の人間は、まだ事物そのものの中に埋没して、夢見るように体験していました。しかし当時の人間は、実際に生成と消滅のイメージを持っていました。そして今、私たちはこの生成と消滅を、思考を、動的に働かせることによって、努力してふたたび手に入れなければいけないのです。霊視認識を獲得するということは、意識の段階上、月紀の意識への回帰でもあるのです。私たちの意識の進化は、或る意味では以前の段階へ回帰することでもあるのです。

霊視認識とは、生成と消滅の世界へ回帰することでもあるのです。意識を回帰させることで、生成と消滅を発見するのです。私たちは一種の回帰でもある霊視認識に到らなければ、生成と消滅について、何も経験できないのです。霊視認識に到らなければ、生成と消滅について具体的なことを心に思い浮かべることなど、決してできません。

ですからゲーテが植物と動物のメタモルフォーゼについてのすばらしい詩作を遺してくれたことは、限りなく重要なのです。そもそもゲーテのメタモルフォーゼ論は彼の、霊視認識の所産だったのですから。ですから私が「ゲーテの自然科学論集」に註をつけたとき、そもそも何を言おうとしたのか、人びとは理解することができなかったのです。この論集は、さまざまなやり方で、繰り返して新たに出版されていますが、現在の自然科学認識に従ってゲーテの自然科学認識を評価しようとしてもだめなのです。ゲーテ自身の自然科学認識に沈潜して、その中に現代の自然科学認識とはまったく異なる非常に傑出したひとつの新しい認識の立場を見てとることが大切なのです。

ですから私は、ゲーテのすばらしい言葉を引用しようと思います。彼にとっての本来の課題についいて述べている言葉です。

ゲーテはイタリアへ旅行に出かけ、芸術だけでなく、自然にも注目しました。彼の『イタリア紀行』を読むと、鉱物、植物などについて一歩一歩観察を深めていく様子を見てとることができます。そしてシシリー島に上陸したとき、彼はこう書いているのです。――自分がこれまで観察してきたことをふまえて、インドを旅行したい。新しい何かを発見するためではなく、発見したこと、他の人たちがすでに発見していたことを自分流のやり方で見るために。

言い方を変えれば、動的なイメージで直観するために、と言うのです。問題は、他の人たちが発見したことを生きた概念、動的なイメージで直観することにあるのです。ゲーテが動的なイメージを学問の分野に導入したのは、非常に、非常に重要なことなのです。

エルンスト・ヘッケルその他、唯物論もしくは一元論の立場の学者たちは、ゲーテの植物と動物のメタモルフォーゼの思想を、非常に高く評価しています。しかしこの人たちの評価は、非常に奇妙な立場に基づいているのです。そのことを比喩で説明しようと思います。

私たちが庭の中で或る植物を大事に育てているとします。庭へ出て、その植物を愛《め》でて、自分をその植物と関係づけています。そこで考えて下さい。植物にまったく無関心な人がいたとします。どうして無関心なのかきいてみると、そもそも植物が生きているかどうかに関心がなかったのです。

だからそういう人は、上手に作られた植物の模造品でもいいのです。実物通りのパピエマーシェ（成形素材）でできた花です。その造花を部屋に持ち込んで、それを楽しんでいるのです。いのちはその人にとって、どうでもいいのです。むしろ造花の方が気が楽なのです。私は子どもの頃、とてもいやな気持ちにさせられたことがあります。バラの花の美しさを強調してこう言うのを、たびたび聞かされたのです。――「ほんとに、蝋細工みたい！」子どもごころに、まったく腹が立ちました。

本当にそういうことがあったのです。誰かが生きているものをほめるとき、「まるで死んでいるものみたい！」というのです。

いのちに対する感受性をもっている人にとって、そういうことはひどいことなのですが、エルンスト・ヘッケルの場合、こういうことがありました。ゲーテの「植物のメタモルフォーゼ」と「動物のメタモルフォーゼ」を読んで、この二つの詩をほめたのですが、ゲーテの本来表現しようとしたいのちのいとなみをほめたのではなく、詩の内容を唯物的な立場からほめたのです。

先程言いましたように、霊視認識に意識して達することは、意識して戻ることでもあります。今日、はじめに言いましたように、霊視は誰の中にも存在しています。すでに月紀以来、私たちの中に存在しているのです。そして地球紀の進化の過程で、通常の意識層が霊視の上を覆いかぶさったのです。今私たちは、通常の地球紀の意識が獲得したものを通して、ふたたび霊視認識へ戻らなければなりません。本当に回帰しなければならないのです。

そこで、こう問うことができます。進化とはどういうことなのか。進化とは、下降し再上昇することだ、と答えることができます。だからこういう線を引くことができます（図参照）。――通常の物質認識の段階では、私たちは下にいます。ここでの私たちは無意識的に霊視認識を行っています。霊視認識は下の私たちの本性の中にあって、生成と消滅の力となって働いています。図のもう一方の側には、上における意識的な霊視認識があります。

ここでは一つの例としてゲーテを取り上げたのですが、その例を通して次のように言えると思います。――ゲーテは近代において物質界の進化を霊視認識によって把握することで、この認識を近代科学の中に実際に導入するまでになった、と。

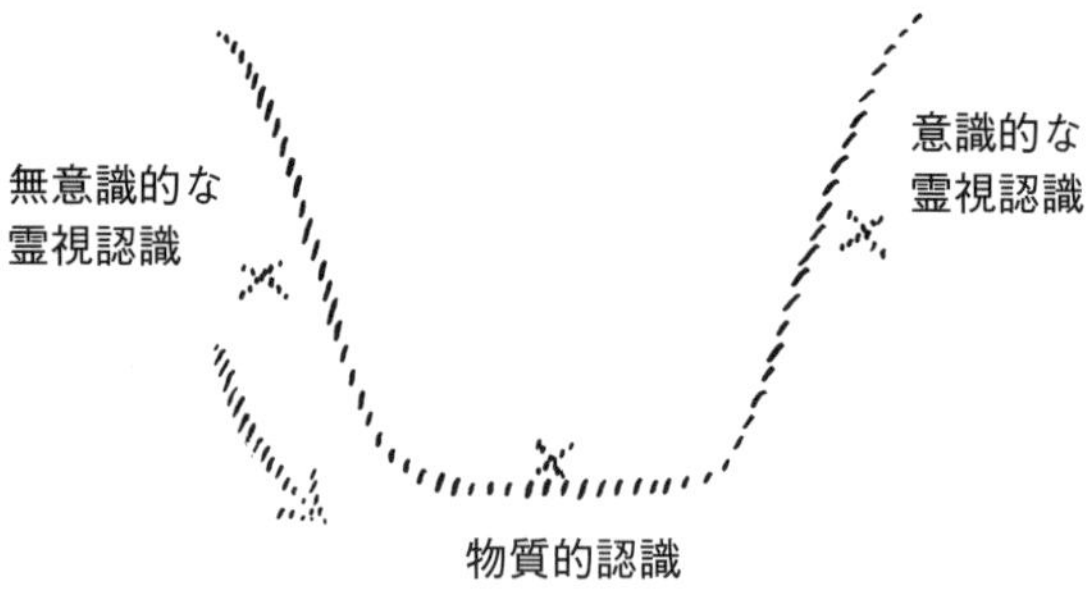

そこでこう問おうと思います。この霊視という奇妙な認識を、今研究することができるのだろうか。

そうすることができるだけでなく、そうすることが非常に大事なのです。基本的にゲーテの思考方式全体は、一般の人たちの思考方式にとって、まったく奇妙なものであり続けています。シラーも、この思考方式をかならずしも十分に理解することができなかったことは、一七九四年八月三日にシラーがゲーテ宛に書いた書簡の一部の中に見てとることができます――

これまで長い間私は、かなり離れたところからではありますが、あなたの精神の歩みをますます驚嘆の思いを抱きながら眺めてまいりました。あなたは自然の必然の歩みを探求なさっています。しかもこの上なく困難な道の上でそうなさっています。もっと弱い力しか持っていない人たちは、誰でもそんな道を歩もうとはしないでしょう。

あなたは自然の全体を関連づけて考察し、その上で個々のものに光を当てるのです。あなたはあらゆる現象形態全体の中に、個体のための説明根拠を求めておられます。あなたは単純な組織から一歩一歩より複雑な組織へ上っていかれます。そして最後にもっとも複雑な組織である人間を、発生的に、自然の全構造体の素材から組み立てようとなさっています。

自然にならって、人間をいわば追創造することを通して、あなたは人間の隠された技術の中に入っていこうとなさいます。偉大な、本当に英雄的な発想だと思います。そのことは、あなたの精神があなたのさまざまな、イメージゆたかな思考内容に見事な統一を与えていることの中に、はっきり見てとることができます。

あなたは、あなたの人生が、人間を追創造するという目標にまで達することができるとはまったく期待できないままに、そのような道をひたすら歩んでいかれます。このことは、終わりのあるどんな道を歩むことよりも価値があります。イリアスの中で、プティアと不死との間にいるアキレウスのように、あなたはその道をえらばれたのです。

もしあなたがギリシア人として、或いは少くともイタリア人として生まれ、そして幼児期から選り抜きの自然と理想化された芸術に取りまかれていたなら、あなたの道は限りなく短縮され、おそらくはまったく不必要だったかも知れません。そうしたらあなたは、ものをひと目見ただけで、必然的な形態を受けとったでしょう。そしてあなたの最初の経験と共に、偉大な様式をあなたの内部で展開できたでしょう。

しかし今、あなたはドイツ人に生まれ、あなたのギリシア精神は北方の創作行為の中で働かされているのですから、みずからが北方の芸術家になるか、それともあなたのイマジネーションを思考力の助けをかりて、現実に変え、そうすることで内部から、合理的な仕方で、ひとつのギリシアを産み出すか、そのいずれかのほかに選択の余地はなかったのです。

魂が外の世界から魂自身の内なる世界を形成していく成長期に、不完全なさまざまの形姿に取り巻かれて、あなたは粗野な北方の自然を御自身の中に受容なさいました。しかしその時屈することなく、周囲の素材を超えたあなたの天分は、この欠乏を内部から認識し、外からギリシアの自然と親しむことで、あなたの天分を確認なさったのです。

今あなたは、あなたの想像力を抑圧する、古い、よくない自然をあなたの造形精神が産み出した、よりよい規範に従って、改良しなければなりませんでした。そしてそのためには、もちろん、指導的な諸概念に従って進んでいくしかないのです。

しかしこの論理的な方向は、精神に熟慮を求めます。精神の創造行為を可能にする美的な方向とは折り合いません。

あなたはひとつの作業をそれまで以上にやりました。なぜならあなたは、直観から抽象へ移っていくのとは逆に、今や概念を直観にふたたび置き換え、思考内容を感情に変容させなければならなかったのですから。ただこの作業を通してのみ、天才が生まれるのです。

このように、シラーはゲーテを、北方世界に生を受けたギリシア人だと見做しています。皆さん、ここにゲーテを理解しようとするシラーの偉大さと困難が見てとれます。或る人たちは、この手紙から大事なことが学べたと思ったようです。そういう人はまるで手のひらをひっくり返すように、簡単に、ゲーテを理解できると思っているのでしょう。そしてそれによって、自分がシラーより上に立っていると思っています。でもシラーは、ゲーテのことをすぐ理解できると思っている人びとに較べて、ばかだったわけではありません。

しかし、シラーを通して私たちが発見できる大事なことは、ゲーテが他の分野においてもまったく独特な、他の人とは違った立場に立っていた、ということです。例えば人間の道徳上の進歩に関してもです。特に、人間がほめられるに価するか、それとも罰を受けるに価するかを考えるときの考え方に関してです。

賞罰に関するゲーテの、周囲の人たちとは違った考え方を知らなければ、ゲーテの仕事は、そもそも始めから理解できません。どうぞ詩篇「プロメテウス」を読んでみて下さい。そこでのゲーテは、神々に反抗的でさえあります。「プロメテウス」はもちろん、賞罰についての人間的な考え方に反対していますが、賞罰に関しても、まったく特別な考え方をしています。どうぞ長篇小説『ヴィルヘルム・マイスター』も読んで下さい。そこでのゲーテは、世界の秘密をすばらしく見事に掘り下げて表現しようと努めています。この努力が感じとれなければ、「ヴィルヘルム・マイスター」は分かりません。

一体、どうしてなのでしょうか。なんらかの人間的な問題に対する世間の賞罰についての考え方に関しては、そもそも物質上の認識の分野では決して正当な観点には立てません。なぜなら、このことに関しては、霊視の分野においてはじめて問題が見えてくるのですから。

ですから神秘学者は、いつもこう述べてきました。――霊視認識の分野にまで上っていくなら、生命界、元素界を体験するだけでなく、――神秘学の用語で言えば――「怒りと罰の世界」をも体験するのだ、と。

ですからこの場合、生成と消滅の世界への回帰だけでなく、同時に怒りと罰の世界への登攀をも体験するのです。

それ故、宇宙との関連の中での、人間にとって価値あるものと無価値なものとの間の独特なつながりは、神秘学によってはじめて正しい照明を受けることができるのです。この世における一切の価値の「正当化」は、そのための準備なのです。

今、私たちは重要な地点に立っていますが、その続きは、明日お話ししたいと思います。

ドルナハ　一九一五年九月一九日

第三講

昨日は「霊視」を性格づけようと試みましたが、その際強調したのは、人が霊視認識を通して意識の表面にもたらすものはすべて、すでに自分の中に持っているものである、ということでした。

私は次のような比較をしました。――まっくらな部屋にいろいろなものがあるとします。人間もそこにいました。でもまっくらなので、肉眼では何も見えません。しかしそこに明かりを持った人が来て、その部屋を照らすと、その部屋の中のものがみんな明かりに照らされます。何も新しいものはなく、すべては見馴れたものばかりです。

違いは、あとからは見えるものになったけれど、その前は暗くて見えなかった、という一点だけです。霊視認識にもこのことがあてはまるのです。霊視認識によって意識化されるすべては、あらかじめすでに人間の中に存在していました。ただ人間の識域下の、隠された魂の深層で働い

ていたのです。ですから霊視認識が明るみに出すものは、すでに人間の内部で生きて働いていたのです。

地上を生きる人間の場合、特に重要なのは、その人間がなんらかの仕方で意識の深層の中へ沈めた表象内容、経験内容によって、自分の力を強めたり、弱めたりしている、ということです。

いつか別の機会に、この問題をもっと詳しくお話ししたいと思いますが、ここに（図参照）意識の境界があります。ここから表象が無意識の中に沈みます。そして今は識域下にあって、生きもののように存在しています。前に言いましたように、この経過の記述はとても不完全なものになってしまいますが、しかしこの問題については、これからもゆっくりと時間をかけて真実に迫っていこうと思います。

今日申し上げたいのは、当然のことなのですが、生まれてから死ぬまでのこの世の現実においても、霊視認識が人間のすべての生活条件と、根本的にそして深刻に関連している、ということです。しかし霊視認識は、今のところ無意識の、つまり識域下のいとなみです。このことをふまえると、これまで考察してきたことからも、重要な真実を手に入れることができます。すなわち、地上を生きる私たちは、誕生から死にいたるまで、明るい日常意識の識域下にまでは入っていけない、――もちろん眠っている時は別ですが――そういう条件の下にあるのです。つまり私たちは、通常の意識生活においては、知ることのできない生活要因に依存して生きているのです。

けれどもこれまで述べてきたことをふまえて言えば、この深層で働いている生活要因――それを昨日はエーテル体の働きである、と言いました――この生活要因は、人間が自分のイメージの世界から絶えず識域下に沈めているものを受け入れ、それとひとつに結びついているのです。それは当然です。なぜなら、イメージの世界とエーテル体とは、お互いに同類なのだからです。実際、人間は、自分のイメージを識域下に沈めることで、このイメージを無意識の中のエーテル体に変容させることができるのです。実質的に、エーテル体と私たちのイメージとがまったく同じものだからです。私たちのイメージが識域下にあるとき、まさに小ねずみの群のようにひしめきながら、実際に生きて動いているのです。

そしてこれこそがエーテル体なのです。

イメージの実体は、宇宙から生じてエーテル体となって存在しているものと同じなのです。そしてそのエーテル体は、私たちの意識的な思考生活と、イメージ生活と同類のものなので、人間にとって、とても身近かなのです。

イメージの実体は、こんにち、私たちの無意識の中に生きて働いているとはいえ、月紀においては、もっと積極的に活動していました。

月紀におけるイメージによる思考は、夢のようなものと思われていますが、月紀における夢の中でのイメージは、生きた、生命力のある思考の働きをしていました。

月紀の思考とは、そういう働きだったのです。地球紀の私たちの場合、思考するには、自分で努力しなければなりませんが、月紀の住人にとっては、夢の中で思考を生きていたのです。その夢のイメージは、私たちの概念のように死んでいるのではなく、生きたイメージを働かせるいのちだったのです。

今述べたことからもお分かりになると思いますが、霊視の世界に入ると、何かを得ますが、同時に何かを失います。失われるのは、思想の安らぎです。現代人がよく知っている地上での安らかな思想体験は、失われます。イメージそのものが生きた内的な力なので、そういう安らぎを、その力の中に感じることはないのです。

私たちは通常の生活の中では、自分で自分の思考をコントロールしていると思っています。霊視世界の中ではそういうコントロールはききません。しかしその代り、生命を、まさに生命を掴んでいるのです。

私たちが思考生活の中でもっている概念は、死んでいます。霊視の世界の中で掴むものは、生きて動いているイメージです。すでに月紀の人間の場合もそうでした。ただその時は意識してではなく、夢うつつの中でそうだったのです。その後地球紀になって、夢意識が覚醒意識になりました。月紀では夢うつつであった状態を意識的に体験することから、霊的認識の第一段階である霊視認識が生じたのです。ですから霊視認識は、人間にとってはもともと非常に身近かなものだったのです。

さて、人は何かを得、何かを失う、と申しました。人は誰でも得ることには同意できるでしょうが、失うことには同意しません。だからそこから数多くの誤謬が生じます。非常に非常に多くの誤謬がそこから生じるのです。

皆さん、エネルギーを消耗する努力をしないで、月紀における夢のような霊視体験がどういうものであったのか、表象しようとしても、それ程簡単にはいかないのです。

私たちがこの地上で生活しているときの思考は、物質上の進歩の時代であればこそ、常に地上の諸事実を基礎にして、思考を重ねる努力を続けます。しかし人によっては、そんなことは煩わしいのです。

今の私たちは、事実を一つひとつ取り上げ、考察し、評価します。思考によって事実と事実を結びつけます。そしてゆっくりと、努力を重ねながら、思考の世界、概念の世界の中で研究を続けます。まさに地上の人間として、地上の意志で、地上のための思考を自分のものにするのです。

そういう時、人によっては、生きた思考世界があらかじめ自分に与えられていたら、よっぽど楽だろう、と思います。ただ待ってさえいたら、「悟り」が得られるのですから。待っていれば、自分の魂のいとなみの中に悟りが入ってくるのです。もはやあれこれ思考を重ねる必要はありません。

そういう思い方をする人は、そうすることによって、今の自分以上に進むことはありません。地球紀を生きる人は、月紀の人間よりも、はるかに進化を遂げています。夢幻的な月紀の霊視生活に較べると、地球紀の私たちは、人生経験をもとにして、諸事実を結びつけ、理性的な判断を下し、概念を作る努力をしています。そうすることによって、月紀の人間よりも物質との関係を更に深めています。思考の努力をしないで、悟りを得ることのできる月紀の人間に憧れている人よりもずっと先へ進んでいます。

私たちは地球紀の人間として、思考の作業をしています。でも月紀の認識に戻って、何も自分で考える努力をしようとしない人は例外です。月紀の人間も思考内容をもっていましたが、その思考内容はおのずと生じたのです。事実に向き合って思考の作業をする必要はなかったのです。それは確かにとても楽であったように思えます。

現在の私たちの中にも、こういう人がいます。幻視的な見霊能力をもっている人です。でもその夢幻的な霊視、幻視的な見霊能力は、月紀への退行なのです。なぜなら、地球紀にふさわしい本当の見霊能力は、もっと進化を遂げた段階に立っていなければならないのですから。物質界を認識するときよりも、更に大きな努力を重ねて、イメージの世界を認識しなければならないのですから。

過去の中にただ沈んでしまうだけでは、高まりでも進歩でもありません。正常な地球紀の人間よりも退化してしまいます。知的に退化してしまうのです。――その体験は、幻視的な見霊体験ではありますが、知的ではないのです。地上の人間として発達させなければならない知性を犠牲にすることで、はじめて持てる体験なのです。月紀的＝先祖返り的な幻視体験は、知性の抑制と結びついているのです。

そういう結びつきによって、幻視的な見霊体験をする人の中には、自分のヴィジョンを絵に描くことができる人もいます。そういう人の絵は、決して思想性のないものではなく、時には思想性のゆたかな、まったく精神的な図像でさえありうるのです。

ところが、同じ人が地上の事柄を説明しようとすると、同じ論理性や知性がどこかへいってしまうことも、なくはありません。十分に地球紀の人間になっていない場合です。そういう人からは、霊界についてのすばらしい記述を受けとることができても、その人自身は月紀の中に沈んでいて、地上で獲得した知性を使おうとすると、何をどう表現したらいいのか分からなくなることさえ、稀ではないのです。

そこで皆さん、このことは、長い過程を辿って神秘学の観点に辿りついた人、辿りつこうとしている人の場合にも、生じうることなのです。ですから私たちはこんにち、霊的認識を通して、人びとに明晰な思考を提供するように、可能な限り努力しなければなりません。こんにちでは、完全に明晰な思考によって霊界を認識する可能性がなければならないのです。こういう洞察が可能になるまでには実際長い時間がかかりました。

そして多くの人がそのための努力を重ねてきたのです。例えばゲーテのような、偉大な明晰さをもった人たちは、この認識の問題をはっきり意識していたのです。多くの人たちがそこまで来ていました。皆さん、ヤーコプ・ベーメが唯物主義の時代への過渡期にあって、どれ程、――混沌として渦巻く諸概念を使って、――霊界の秘密に解明を与えようと努めたか、考えて下さい。

更にもう一人の哲学者は、実に見事な言葉で語ってくれました。見事な言葉で、近代の黎明期にあって、状況を照らし出してくれたのです。その言葉を通して、たとえ完全に見通すことのできる展望ではないとしても、こんにちの霊的認識の少なくとも根幹に関わる問題を、明らかにしてくれたのです。

私の言おうとしているのは、哲学者サン・マルタンのことです。彼はすでに一八世紀において、次のような洞察を示してくれました。――人間を認識することが大事だが、そのためには、外なる物質認識の闇と混乱を通り抜けていかなければならない。

霊視認識の最初の段階に立つには、このことが不可欠なのです。なぜなら、すでに述べたように、魂の深層に働いているものは、物質上の認識ではまったく対象化することができないのですから。ですから闇を通り抜けていかなければならないのです。

しかし、このことがやるべきことのすべてではありません。通常の諸概念の混乱の中をも通り抜けなければならないのです。その混乱をも吹きとばし、物質界で通用している通常の思考をのりこえていかなければならないのです。

この哲学者はこのことを非常に見事な言葉で語ってくれました。この言葉の前半は誰でも受け容れるでしょうが、後半はほとんどまったく受け容れないでしょう。けれども後半を受け容れるのは、大事なことなのです。

皆さん、こんにちなんらかの分野で神秘主義者であろうとする人は、大抵の場合、感覚的、物質的なものを排除しようとします。霊的なものに到るために物質に混乱させられまいとしています。けれども概念的思考という思考形態をも排除しなければならない、ということを認める人はごくわずかです。なぜなら、神秘主義者も概念的思考という思考形態をもって、物質生活のやりくりをしているのですから。無意識の中では、概念的思考で神秘世界を把握したいと思っているのですから。

しかし、神秘学者が頭の中で考えるときの概念的思考と同じ思考を見霊体験に際してももっている、ともし思うとしたら、それは間違いです。そんなことはないのです。思考内容は、無意識の中では、変化しているのです。そのときの思考内容は、生きものであり、元素界を生きているのです。

人間がこの地上で用いている思考の働きは、霊界の中には存在していません。ですからサン・マルタンは、この美しい言葉を語ったのです。実際、この哲学者は、自分の心情の中で一種の試みをしているのです。どうしたら地上の世界の外にある諸世界について何かを知るようになるのか、についてです。

彼はこう言いました。


「あなたの物質の闇を吹きとばしなさい。そうすれば人に出会うから。」

この部分、物質の闇と混乱を吹きとばすことなら、神秘学を学ぶ人たちは同意するでしょう。しかし彼の後半の言葉を理解する人はこんにち殆んどいないのです。

「あなたの霊の闇を吹きとばしなさい。そうすれば神に出会うから。」

サン・マルタンの表現は、宗教色に染まっていますから、「神」の代りに、私たちの場合は、霊的認識自体のことをイメージしなければなりません。

さて、こんにち誰かが「あなたの物質の闇を吹きとばしなさい。そうすれば人に出会うから」という言葉を読むと、「そうなのだ。私は霊界に参入するためにそうしようとしている」、と言えるでしょう。しかし「あなたの霊の闇を吹きとばしなさい。そうすれば神に出会うから」、に対しては、「そうしたら、私に何がなお残されているというのか。そうしたら私には何もなくなってしまう」と言うでしょう。

そうなのです。何がまだ残されているのでしょうか。こんにちの霊的認識そのものが残されているのです。だからこのことは、必要なことなのです。物質界の通常正しいと信じられている認識内容は、物質の闇と同じように、吹きはらわなければなりません。どうぞ注意して下さい。私たちの神秘学の中でこのことがどのように扱われているかを……〔速記記録に欠落〕

以上の言葉は、「知られざる哲学者」と呼ばれたサン・マルタンの言葉ですが、サン・マルタンは、自分はヤーコプ・ベーメの弟子だ、と名乗っていました。ここに見られるように、すでにサン・マルタンの場合、現代の神秘学が明らかにしようとしている事柄への深い憧れが見られるのです。しかし彼は自分のことを「知られざる哲学者」と呼んでいたのは、彼がみずからの内部に大切に抱いていたものが、彼の身近かにいた人たちにとっても無縁なものだったからです。本来の哲学者サン・マルタンが心の中に大切に抱いていたものは、彼を良く知っていた人たちにも知られずに、本当に知られずにいたのです。

さて、昨日お話ししたように、霊視認識を身につけることは、人間の月紀における在りようへの回帰、意識的な回帰なのです。今回の連続講義ですでに述べたように、現代人の心の中にも超感覚的に、いろいろな出来事が生じていますが、そういう出来事は、地球紀においては本来正常な出来事ではなく、月紀においてこそ正常だった出来事なのです。私たちは今でも、この月紀の出来事を保持しています。ですから或る意味で、月紀の状態にまであともどり出来るのです。

そしてあともどりしたときの私たちは、地球紀の人間の認識とはまったく違った仕方で認識するのです。そのときの私たちは、幻視的な見霊体験をします。そして知性を暗くしています。ですから誰かが私たちに合理的、科学的に仕事をするように頼んだり、通常の日常の出来事に合理的な、納得のいく結論を出すように頼んだりしますと、私たちはそれにこたえることができません。しかし、私たちが幻視によって何かを述べるときは、ゴルゴタの秘蹟の時代に起きた出来事についてさえも、月紀に由来するヴィジョンでしかないとしても、しかし実に見事に述べることができるのです。

そういう場合に私たちの書き記す事は、別の誰かの言うこととは、まったく一致していません。ですから私たちは理論化して述べることができませんが、霊媒となって非常に巧みに記すのです。その巧みさは驚くほどです。

しかしこのことは、進化の結果ではなく、退歩の結果なのです。もちろんそうだからといって、そういう人が真実を明るみに出すのを妨げません。なぜなら、その人はこの地上に生きているのですし、地上の現実と結びついて生きているのですから。ただそれに加えて、その人は月紀の生活をも同時に生きいきといとなんでいるのです。

私は神秘劇の中で人間のさまざまなタイプを表現しようとしました。そして月紀に回帰しているような形姿をも取り上げました。それは地上の生活においては、知的ではないのですが、知的には正常な地上の人間の水準に達していないのですが、正しい事柄を開示できるような形姿です。テオドラがそうなのです。テオドラは、月紀の意識に戻っている姿を示しているのです。このことをはっきり示すために、私はテオドラが登場する場面のひとつで、「テオドラ、見霊能力のある女。彼女の場合、意志の要素が素朴な見霊能力に変化している」、と述べました。

素朴な見霊能力とは、もちろん月紀の見霊能力のことです。このように性格づけられていますから、最後の神秘劇『魂の目覚め』では、もはやテオドラは登場しません。ただ彼女の魂だけが登場します。彼女が他の人たちと或る種の事柄を共にすることができないからです。

ですからここで確認しておきたいのですが、霊視世界の体験は、人間にとって比較的まだ非常に身近かなのです。インスピレーションの世界の体験は、これに反して、それ程身近かであるとは言えません。なぜなら、霊聴世界の体験の中には、月紀ではなく、太陽紀に生じた諸事実が含まれているからです。ですから霊聴世界を体験する時には、もっと深く人間の魂の中に沈潜していくのです。

そして霊聴世界の最初の体験には、一定の特徴があるのです。

人間がイマジネーションの世界に参入するときは、月紀に生じた諸事実に出会います。当時の太陽から分離した段階での月紀を考えると、——どうぞ『神秘学概論』（ちくま学芸文庫版一九六頁以下）を読んで下さい——当時の人間は、太陽から分離した月の上で、夢幻的な霊視体験をもっていました。しかし太陽から分離した月紀の状態ではなく、それ以前の、直接太陽紀の中での人間存在は、霊聴世界を体験していました。

そして皆さん、この太陽紀の諸事実は、現在の人間とは、もはや通じるところがどこにもないのです。なぜなら現在の地球紀の人間は、——もしも自分の魂の深部に隠された諸根拠に、眼を向けるのでないのなら——、地球紀に固有の在り方によって、人間は実際に、ひとつの莢になってしまっているのです。今の人間は、正当な人間本性ではなく、むしろひとつの莢なのです。

現在の人間は先ず自分の物質上の形体をもっています。物質界において私たちの前に現れている通りの物質上の形体をです。この形体は地球紀に生じました。しかしその形体の中に働いている力、つまりエーテル体は、見ることができませんし、こんにちの科学によってはまだ探求されてもいません。

私たちは、神秘学上の或る友人から、その友人のもっている生物学の観察材料でこのエーテル体の問題を探求する機会が与えられました。その友人はさまざまな努力を重ねました。多分いつか将来――こういう事柄には非常に多くの研究の積み重ねが必要なのです――人間本性の隠されたこの部分への橋渡しをする可能性も出てくると思います。しかし、そのためには現代の科学が眼を向けようとしていない生命の諸事実を研究する必要があるのです。現代の研究者は実験はしますが、いわば生命という事実に手をつけるつもりはないのです。

私たちはいわゆるプレパラート（観察材料）を、他の研究者たちが関心をもとうとはせず、捨てておかれている方向に向けて研究していかなければなりません。もちろんその場合、まだ多くの前提が欠けています。なお多くの研究を深めていかなければなりません。完成するのに多くの年月が必要な研究がいくらでもあるのです。しかしそのような極めて重要な研究のひとつは、物質科学の手段でも可能な研究のひとつは、人間本性の中の月紀に由来するものを研究することです。すなわち、まったく新しい胎生学の研究です。胎生学の新しい分野、新しい側面が、いつか将来、問題にされるようになるでしょう。この研究をそこから始めることが必要なのです。しかし本来、それでおしまいです。人間を外から観察する限り、それ以上のことは見出だせないのです。

なぜなら、こんにち人間を外から観察して見出だせるものは、もともとそんなに古いものではないのですから。月紀のもっとも古い時期以上に古くはないのです。けれども今言いましたような研究から月紀の諸経過へ向けて、推論を重ねることはできる筈です。そういう研究は、『神秘学概論』で記述されている事柄と一致するでしょう。しかしすでに言いましたように、人間をこんにちの姿において考察する限り、それ程遠くまで遡ることはできません。月紀の発端には到りません。まして太陽紀にまで遡ることはありえないのです。

私たちが太陽紀にまで時間を遡ろうとするなら、今述べた科学の中で取り上げることのできるものよりもはるかに、はるかに少ない物質素材を人間の中に見るのでなければなりません。太陽紀においては、物質素材ではなく、地上の人間が開示できる精神素材が、しかし開示しないでもすませられる精神素材が人間本性を成り立たせているのですから。人間はこの大切なものを、開示することもできますが、開示しないですますこともできるのです。

例えば、芸術家、詩人の体験する霊聴《インスピレーション》は、それが本当の霊聴であれば、太陽紀の霊界に由来するものなのです。本当にその霊聴は、太陽紀の霊界に由来するものなのです。けれども私たちの時代は、本当におそろしいくらい霊的に貧困ですので、太陽紀の霊聴に由来するものを拒否してしまうのです。ですから、いつでも自然主義的な芸術衝動から、モデルから、つまり地上的なものから離れられずにいるのです。物質世界だけを本来の創作対象にすることですませているのです。

モデルに依存したり、物質の中に埋没したりすることから芸術家を守っている芸術は、建築と音楽だけです。建築は基本的に何かを模倣することができません。たとえどんなに不手際なものであったとしてもです。

そして音楽も何かを模倣したりしません。なぜなら、絵画の中でモデルを模倣するような仕方で、鳥や猫の鳴き声を模倣したら、音楽ではないからです。音楽の場合、音の高次の素材だけを使うことができるのです。

しかし、その他の芸術においても、そうでなければならない筈なのです。音楽家が音楽素材を使うのとまったく同じ程度に、画家も素材を使うのでなければなりません。音楽家にとっての音に当るものが、画家にとっての形態、色彩でなければなりません。モデルは画家にとって、素材以上のものであってはなりません。

ですから絵画の芸術性は、モデル女性の美しさに由来するのではなく、太陽紀の霊聴によって生じるのです。つまり大地にとって無縁なものにこそ、偉大な芸術は由来するのです。人間は芸術上の霊聴なしにも生きていかれます。霊聴を自分の中に取り込むこともできますし、それを取り込まなくても生きていかれます。ですから俗人は、芸術などなくても生きていける、と主張します。

そこでひとつの重要であり、かつ重要でない問いが生じます。物事を深くとらえる人は遅かれ早かれ、そう問うでしょう。それは次のような問いです。――「では、私たちが土星紀、太陽紀、月紀、地球紀のことを、一定の事実を含めて、学んだとき、つまり、霊視《イマジネーション》認識は月紀に由来し、霊聴《インスピレーション》認識は太陽紀に由来し、そこから推測できるように、霊的合一《インテュイション》は土星紀に由来するというのなら、それ故、私たちは何か新しい事実を見出だすのではなく、古い事実に帰るのだとしたら、一体なぜ人間はそもそもこれから更に進化を続けていく必要があるのか。」

なぜ更なる進化が必要なのか。誰かがそう問うとしても、不思議ではありません。そもそもなぜ地球紀は存在する必要があるのでしょうか。地球紀は、それまでの進化のすべての過程から私たちを引き離すのです。ですからそれまでの認識内容は、無意識の中へ押し込まれ、そして私たちは、認識に努めながら、ふたたびかつての認識が到達したところに登っていかなければならないというのですが、一体なぜそんなことをわざわざやる必要があるのでしょうか。

そうなのです。皆さん、わざわざやる必要があるのです。そうするのでなければ、真の人間にはなれないのです。なぜなら、そうすることによってのみ、私たちの真の本性は、本当に完全なものになることができるのですから。

このことは外からでも見てとることができます。ゲーテの「植物のメタモルフォーゼ」と「動物のメタモルフォーゼ」を例にして申し上げたように、あの動く小ねずみのことを、つまり動的な概念を知っているような人のことを研究してみると、このことが外からでも見てとれるのです。私たちはそういう人たちのことをよく研究しなければなりません。そういう人たちは、内的に真実な人である限り、特定の状況の中で、別の世界と一定の関係をもっています。このことは、ゲーテの場合、特によく見てとることができます。

ゲーテの『ヴィルヘルム・マイスター』や多くの詩を研究して下さい。そうすれば、ゲーテの場合、非常に注目すべき仕方で、世界に対する態度、世界についての評価の仕方が現れていることに気がつきます。こういう事柄に真剣に関わるなら、ゲーテの場合、メタモルフォーゼの理念が生じるのと同じ程度に、魂の中に真に偉大な寛容性が現れていることにも気づかされるのです。魂の中のすばらしい寛容性が、目立った仕方で、世界に対して、そして人生に対して現れているのです。そしてこのことは、実に深く事実と関連しているのです。

皆さん、動物の世界を見てみると、そこにはさまざまな形態があります。例えばハイエナの場合、腐肉へのあこがれがその顔に、そのからだ全身にあらわれています。そのハイエナをライオンと較べてみて下さい。更に狼と、そして鷲と較べてみて下さい。そして鷲をコンドルと、更にはこれらの動物をかたつむりや蛇やいもむしやさまざまな昆虫と較べてみて下さい。こういうさまざまな動物の形態をとりあげて、そしてこうみずからに問いかけるのです。――「このことは霊界とどのような関係にあるのだろうか。」

皆さんが月紀を研究なさるときにのみ、この関係が見えてくるのです。なぜでしょうか。皆さん、月紀における人間は、まだこんにちの人体形姿を示していません。人間の段階にあった当時の形姿は、天使の姿をとっていました。天使の場合、こんにちの人間の思考や判断とはまったく違った思考や判断をもっていました。その当時、天使は、こんにちの人間と同じ段階に立っていましたが、こんにちの人間が地上でもっているような肉体の中に受肉してはいませんでした。月紀の天使の身体は、まったく柔らかい、動的な状態にありました。なぜなら、まだ形態霊がかたまった人体形姿を作るために働いていなかったからです。

さて、この天使は、その当時、――地球紀においてではなく、月紀において――私たちの地上のイメージに較べると、はるかに生動的なイメージで思考していました。そしてそのイメージは、生動的であること以外にも、非常に独特な性質をもっていました。すなわち高度に心情の働きに衝き動かされていたのです。月紀における天使は、大天使、時代霊、形態霊、運動霊などの影響の下で、生きたイメージ、生きた概念を行使していたのです。

そのイメージは、生きいきとした、衝動的なイメージでした。こんにちの人間の行使するイメージよりも、はるかに衝動的でした。こんにちの人間の用いるイメージも、魅惑的なものになったり、毒のあるものになったりしますよね。イメージで人生を評価するとき、イメージを情動と結びつけて評価しますよね。そういうことが顕著な人物がいます。この上なく立派な人物でも、その時その時で魅惑的な人になったり、毒気のある人になったりするような人物です。ですからそういう人物の発する言葉の中には、魂全体がこめられていたり、まったく空虚な響きにとどまったりしています。そしてこういう傾向が、月紀における天使の場合には、はるかに高度に、創造的な、有効な仕方で存在していたのです。

どうぞ、そのような思考をする月紀の住人のことをイメージしてみて下さい。そういう月紀の存在が自分のことをこう言ったとします。――「私は今、ひとつのイメージを受けとった。霊聴が私にこうささやいたのだ――あわれなこびとよ。お前は肩を丸くかがめて、腐肉を探しまわる。そうしてみにくい顔をさらしている。」

そうすると、実際にそのような存在が現れるのです。そしてハイエナになるように、決定づけられるのです。イメージが創造的な在り方をしているのです。こんにちの動物界の諸形態は、月紀の善と悪の原則に従って創造する思考と密接に関連しているのです。ですから動物界のさまざまな形態は、月紀の善と悪の姿をあらわしているのです。

地上の人間は、そういうやり方を学ぶことが許されませんでした。月紀の文化から離れようとしない存在は、地球紀になっても、自分が月紀の時に体験したのと同じように、善と悪とを認識すべきだ、と人びとを誘惑しました。けれども地球紀の人間は、今、別な仕方で判断することを学ばなければなりません。

人間は、情緒をイメージに深く結びつけて、それを魂の深層にまで浸透させてはならないのです。そういう思考の仕方をしてはいけないのです。より客観的で、より平静な仕方で思考しなければなりません。だからこそ人間は、月紀から地球紀に進化してきたのです。

そして今、人間は更に前へ向って進んでいかなければなりません。そうすれば、もっともっと寛容な存在になっていけるでしょう。かつての月紀の天使は、信じられないくらい不寛容な仕方で、ハイエナを憎んでいました。なぜなら、その天使にとって、ハイエナは悪だったからです。だから蛇も憎みました。みにくいものをみんな憎み、そして美しいものを愛したのです。

善と悪は、創造的ないのちの領域に属します。地球紀の人間は、この創造行為から手を引かなければなりませんでした。もしも人間が、月紀の天使がやったように、動物を美しいものと醜いものとに分けるようなことをやるとしたら、地球紀の学問を発達させることはできなかったでしょう。私たちは、客観的な概念に従っていますから、気品のある動物、無作法な動物、いたずら好きな動物、狡猾な動物などなどに分けたりはしないのです。

しかし月紀の天使たちは、こういう分類をやっていました。しかしこんにち、専門書の中で、「イタチ　特性は狡猾」などと記載されていたら、学問的ではありません。風刺詩の中でなら、そういう言い方はありえますが、学問的には、そんな表現は認められません。ましてこんにちの科学において、そんな表現は許されません。

ですからこの分野で更に先へ進もうと思ったら、地上の人間ならこの上なく烈しい反感を抱くであろうような事柄をも、自然科学的に、冷静に考察するのです。一方、こんにちの科学も、動物界に対してなら、情感なしに自然科学的に考察します。私たちは、このような新しい認識段階を、ゲーテの精神の独自の在り方の中に見てとることができます。ゲーテにとっての人生は、高次の仕方で静かに流れていくものなのです。その流れをゲーテは自然現象のように考察するのです。

このことはゲーテの人生観のすばらしい内的平静を示しています。そしてゲーテにとって人生の一部は、自然の流れとひとつになっているのです。それによってゲーテは、あのように客観的になれたのです。

さて私たちはこの点から問題を更に明日の考察につなげようと思います。

第四講

ドルナハ　一九一五年九月二〇日

これまでお話してきたのは、地上を生きる人間として、この物質界で獲得することのできる認識が、一種の死せる認識である、ということでした。この認識は、より高次の世界の認識に対して、死せるものが生きているものに対するような関係にあります。けれども私たちがいわゆる高次の世界を経験することのできる認識段階に上っていくときは、この死せる、機械的な認識が生きいきとしてくるのです。前回まではそのことを知っていただこうと試みてきました。

死せる認識！　こんにちの物質的な地上の認識は、いつでも死せる認識だったのではありません。死せる認識になったのです。御承知の通り、人間の地上の認識は、かつては死んでいませんでした。古代に遡っていけば、ゴルゴタの秘蹟以前には、通常の地上の認識も、生きていました。太古の時代の高次の認識の遺産が、まだ残っていたのです。通常の地上の認識の中も、太古からの高次の認識の遺産が混ざっていました。そのことは、さまざまの人類の聖典の中に、見てとることができます。旧約聖書の中には、超感覚的世界についての言及があります。夢として、または預言者たちの言葉としてです。そこには常に、生きた認識への思い出が語られているのです。先祖返り的な見霊体験の遺産が、月紀からの遺産として、人びとの心の中に、消えずに残っていたのです。この遺産は、ゴルゴタの秘蹟の時代に、消えてしまいました。

どうぞ、今言った言葉を正確に受けとって下さい。もしも皆さんのうちのどなたかが、今言った言葉をうわさにして広めて、古代の先祖返り的な見霊認識は、ゴルゴタの秘蹟によって消された、と私が言っていた、と言いふらすなら、私の言ったことの正反対を言いふらすことになるのです。

ゴルゴタの秘蹟の時代にこの先祖返り的な認識が消されたのは、人類のごく自然な成り行きの結果です。そしてゴルゴタの秘蹟は、次第に失われていったものの代りになってくれたのです。別の側からいのちを人間の魂の中にもたらしてくれたのです。

だからこんにち、次のように語ることができるのです。――古代の伝承を見てみると、すでにゴルゴタの秘蹟以前に、さまざまな仕方で科学的な思考が働いていたことが分かる。しかし古代の人びとは、その科学的な内容の中に至高なるものの認識に関わる何かを見てとろうとしていたのではなく、そういう仕方で認識できるのは、低次元の事柄にすぎないと思っていたのだ、と。

超感覚的な事柄に関わる、重要な内容はすべて、人類の原啓示とも言うべき叡智、太古の叡智に由来するものだったのです。このことは、私たちの四つの神秘劇のひとつ〔『境域の守護霊』〕の中に表現されています。この神秘劇の中では、この原啓示が世代から世代へと叡智の学堂の中で伝授されてきた、と述べられています。

すでに『神秘的事実としてのキリスト教』の中にも、この死につつある太古の叡智に代って、ゴルゴタの秘蹟がひとつの埋め合わせをしたことを、以下のように認識しようとする試みを見てとれます。――いわば根源の秘蹟が、ゴルゴタの丘で、歴史上の事実になった。秘儀参入の十字架がすべての人のために、はっきり眼に見える形をとって、ゴルゴタの丘に立てられた。それは永遠のいのちを人間の魂の中に注ぎ込むためだった。だから人間がこの地上で、みずからの努力によって獲得するものが死せる認識でしかないとしても、ゴルゴタの秘蹟を通して、大地のいのちの中にキリストの実体が注ぎ込まれ、今や人間認識の第二の源泉となって、人間の魂の中にまで流れ込んでいる。人間の死せる認識と並んで、もうひとつのいのちの認識がこのことによって可能となった。

ですから神秘学の観点から考察しますと、人間の物質的なこの世の認識は、死せる認識なのですが、ゴルゴタの秘蹟によって、この物質的なこの世の認識を充実させ、いのちをその認識の中に注ぎ込むことができるようになり、その結果、高次の認識段階である霊視認識がもてるようになったのです。この生きた認識である霊視認識がどういうものなのかは、これまでの講義の中でお話しした通りです。

今日はもう一度、あらためて霊視認識の重要性を強調しておきたいのですが、昨日お話ししたように、この霊視認識は、人間の魂の古い本性に通じています。月紀への回帰であるとも言えるのです。言い換えれば、昨日言いましたように、こんにちの人間本性の中には、太古の月紀の時の夢幻的な認識が、先祖返り的に、ふたたび立ち現れてくる場合がありますから、霊視認識によって知ることのできるかなりの部分は、現代の見霊者が、月紀意識への先祖返りによって得られるものと合致しているのです。

けれども霊聴《インスピレーション》の道を通って人間の魂の中に入ってくるものは、先祖返り的な手段によっては獲得できません。そのすべてが人間本性からもっと離れた、もっと遠いものなのですから。霊聴は、本質上、太陽紀の働きなのです。太陽紀に人間が受容した生命要素が、人間本性の深いところに保たれ、それが今、霊聴によって意識的に認識されるのです。

そして昨日述べたように、芸術を体験するときに、この太陽紀の働きが人間の遺産となって、無意識の中から引き出されます。言い換えれば、魂の隠された地下の深みに存在している事柄が、意識のいとなみにまで引き上げられると、芸術上の霊感になるのです。

すでにお話ししたように、識域下のイメージは、思い出すことで得られる日常意識の中のイメージ内容とは非常に異なっています。けれどももっと極端に異なっているのは、芸術家の魂の深層の中に生きているイメージと、芸術家の意識に上ってくるイメージとの違いです。

そもそも霊聴そのものを理解しようとするには、或る特別な事情をはっきりと魂に記しづけなければなりません。すなわち、霊聴が生じる時には、客観的な自然法則と魂の体験との間に、何の違いもなくなるのです。その時の芸術家は、自分の魂の中に生きているものを自分の一部分だと思うだけでなく、自然法則をも自分の一部分だと思うのです。

霊聴を体験する人が、なにかの動機に駆られて、何かをやろうと決めるとき、その動機の根底にひとつの合法則性が働いている、と感じます。そしてその合法則性を、自分の胸の合法則性だと感じているのですが、その合法則性は、毎朝東の空に太陽が昇ってくるという客観的な法則と同じ合法則性なのです。

こうも言えます。――私が自分の腕時計を手にとるとき、それはこの物質界での私の私的な問題だと思っています。朝、日が昇るのは、私の私的な問題だとは思いません。しかし霊聴体験に衝き動かされる時には、自然現象と私的な問題との区別がもはやなくなるのです。

本当に個人の関心が自然の出来事にまで拡がり、自然の出来事が個人の関心事になるのです。私たちが植物のいのちのいとなみを自分の心の体験のように身近かに感じとるのでない限り、真の霊聴になっていません。水面にとびこんで水しぶきを上げる蛙を、自分の体験のように感じとれない限り、霊聴は真実なものではありません。自分の中の何かの方が自然のいとなみよりも手ごたえがある、と思っている限り、真の霊聴とは言えないのです。

しかし誰かが、霊聴を体験する私たちの頭をぶんなぐったとき、私たちがそのことをも火山の噴火のように客観的に感じとるべきだと思ったとしたら、まったくのナンセンスです。誰かに頭をぶんなぐられた瞬間、私たちは霊聴を失っています。

私はハーグでの連続講義(『人間のオカルト上の進化は肉体、エーテル体、アストラル体、自我にとってどんな意味があるのか』)の中で、認識を拡大することは、関心を拡大することである、と申し上げました。わずかな時間だけでも、自分のことから離れることのできない間は、もちろん霊聴を体験することができませんけれども、いつでも自分を忘れろ、と言っているのではありません。反対です。自分への関心と自分の霊聴の対象とをはっきり区別することは、いつでも大切なのです。

けれども自分の関心を自分の外にまで拡げて、生長する植物のいとなみを、自分の人生の一部分であるかのように感じとる人、外で芽を出し、成長し、枯れていくいとなみを、自分自身のいのちのいとなみであるように身近かに感じとる人は、眼の前の植物を介して、霊聴を体験しているのです。

しかしその場合、関心をもつこのやり方は、必然的に、すでに述べたゲーテの人間評価に通じるような人間評価にいたります。ゲーテは、すでに述べたような思考への努力によって、人間の本性と人間の能力とを区別することを学びました。そしてこのことは、非常に、非常に重要なことなのです！

私たちのやること、やったことは、客観的な世界に属するものであり、カルマの働きです。一方、私たちの人格は、絶えず生成しています。或る人の行為についての私たちの判断は、その人の人格の価値についての判断とはまったく違った事柄です。私たちが高次の世界に近づこうとするなら、石や植物や動物に客観的に向き合うのと同じように、人格にも客観的に向き合えなければなりません。私たちは、どうしても評価できないようなことをやってしまった人の人格にも関与できなければなりません。人とその人の行為とを分けるのです。そして人とその人のカルマとも分けるのです。高次の世界と正しい関係をもてるようになろうとするのでしたら、この区別を正しく行えなければなりません。

そして私たちの霊的認識の立場が私たちの時代の唯物主義の立場とはっきり対立する場合のひとつがここにあることを、知らなければなりません。私たちの時代の唯物主義の立場は、人格をその行為とますます結びつけて判断しようとする傾向を強めています。

どうぞ、考えてみて下さい。近来、司法の分野で、ますます次のような傾向が現れてきているのです。誰かが特定の犯行を犯したとき、この行為を裁くだけでなく、その人の人間性全体をも観察して、どんな魂の持ち主なのか、どのようにしてその犯行に及んだのか、精神的に劣っているのか、正常なのか、等々についても顧慮する必要がある、という方向になってきています。それどころか、或る立場の人たちは、法廷で裁きを行うのに、立会人として医師だけでなく、心理学者をも召喚すべきである、と主張しているのです。しかしもっぱら外的な生活に関わる行為について裁く代りに、人間の内面生活をも裁こうとするのは、権力の不当行使だと言わなければなりません。

現代の哲学者の中では、たったひとりだけ、この問題について注目していました。私の『哲学の謎』の中でもこの人物に言及していますが、法廷が心の裁判などから離れていなければならないことに注目したのは、ヴィルヘイム・ディルタイなのです。

人間の行いは二つの分野において生じます。ひとつはカルマの分野においてです。カルマは、すでにカルマ固有の因果関係の中で裁かれています。カルマはほかの人とは関係ありません。キリスト自身は不倫を犯した女の罪を裁きませんでした。その罪を地面に書き記したのです。なぜならその罪は、カルマの経過の中でおのずと決着がつけられるでしょうから。

もうひとつの人間の行いは、人間関係の中での行いです。そしてこの観点からでなければ、人間の行いは裁けないのです。人間のカルマについて裁く資格は、外的な社会秩序にはまったくないのです。

しかし霊的な立場は、裁くのではなく、裁きを違った方向に向けようとします。すなわち理解の方向にです。そうなったら、人間の外的な行為を裁くときの立会人として働く心理学者たちは、何の役にも立たないでしょう。なぜなら心理学者たちは、或る犯人の魂のことについては何も知らない筈だからです。人間性の評価は、裁きとは関係ありません。理解の問題なのですから。霊的な立場にとって大切なのは、役に立つことであって、いずれにせよ、裁くことではないのです。役に立とうとしなければならないのです。霊的認識は、人間の魂の中で生じている事柄をひたすら理解しようとするときにのみ、私たちの役に立つことができるのです。

もちろん、霊的な立場の人が見せかけだけでなく、本当に役に立とうとするのでしたら、世の中から途方もなく誤解されてしまうでしょう。なぜなら、手をさしのべようとする当の相手が、役立とうと手をのばす人を正当に評価する筈などまったくないでしょうから。役に立とうと手をさしのべるときの当の相手は、自分の考えているような仕方で役に立ってくれるのだろうと思います。けれども当人が思っているような仕方で、その人の役に立とうとするのは、多分もっとも下手なやり方になってしまうのです。

魂と霊の観点からの理解は、役に立とうとする相手の期待に沿わないことの方が多いのです。多分、そういう相手には、そっとしておくことの方が、気に入られようとすることよりも、役に立つのかもしれません。おもねるような態度で相手ののぞんでいることに手を貸すよりも、はっきりと拒絶する方が愛情のある助けになるのかも知れません。何でも言うことをきいてあげるよりも、時には厳しい態度で接する方が親切な場合もあるのです。しかしもちろん、そういう場合には、誤解がついてまわります。そういう向き合い方だと、ろくな結果になりません。しかしそのことが問題なのではなく、大事なのは、どんな場合にも魂と霊の観点から理解しようとすることであって、裁判官になることではないのです。

これまでしばしば、アーリマンとルツィフェルについて述べてきました。もちろん最近お話ししたことから分かっていただけたと思いますが、人間の本性は、多かれ少なかれ、アーリマンとルツィフェルにつかまえられています。なぜなら、そもそもどんな人の人生も、アーリマン衝動とルツィフェル衝動の間を右往左往しているのですから。ただ世の中の方が、バランスをとってくれているのです。そして生きるとは、まさに世の中と一緒に、バランスをとることにあるのです。

そこでどうぞ、途方もなく大きな違いに眼を向けて下さい。私たちは二つのうちのどちらをやることもできます。誰かの行為がアーリマンかルツィフェルかに影響されていると判断して、その判断をふまえて、誰かを裁くこともできます。もうひとつのやり方は、誰かの行為がアーリマンかルツィフェルかに影響されているのを洞察した上で、その誰かをその洞察をふまえて、理解しようと試みるのです。

この二つのやり方の間には、考えうるもっとも大きな相違があるのです。なぜなら人間に影響を与えているアーリマンかルツィフェルかの作用を深く洞察するのに必要なことは、私たちが決して道徳的な価値判断をしようとしないことなのですから。

或る植物の花が青くなく、赤いからといって、その植物を裁いたりすることがありえないように、或る人の中にアーリマンとルツィフェルが生きているからといって、その人を裁いたりしてはならないのです。或る人の中の何かがアーリマン的であるとか、ルツィフェル的であるとかと思うことが、決してその人を裁くことになってはならないのです。植物の花が赤いか青いかを知ることが価値判断の根拠になりえないのと同じようにです。

大切なのは、認識行為の中に何らかの情念や主観を混入させないように努めることです。認識を純粋に認識であるように保つこと、そのためには、今述べたことをできる限り真剣に行おうとしなければなりません。

ゲーテは、まさに彼のもっとも成熟した時代に、人びとの行為を自然現象であるかのように受けとろうと努めました。もちろん人間関係を機械的な関連の中に持ち込もうとするのではありません。そんなことができる筈はありません。人生におけるさまざまな人間関係に対して、私たちが、次第に、自然現象を考察するときのような客観的な愛をもって対せるように願っているのです。そうすれば、認識そのものから生じるあの内的寛容性がもてるようになるでしょうから。

しかしそうしようとしても、私たちはつい、認識の中に取り込んではならないものをも、認識の中に取り込んでしまうのです。

この前「精神分析」のことをお話ししたとき、かなりひどい言葉で話をしめくくりました。でもどうしてそんなことができたのでしょうか。その時、なぜ私が客観的な理解の仕方をするのではなく、逆にまったく主観的な精神分析批判をしてしまったのかと言いますと、今、私はとても主観的な言いわけをしているのですが、一方で私が、精神分析をとても好ましい、共感のもてるものとして研究してきたからなのです。

こういう例をあげるのは、ゲーテと同じ客観的な愛を、一方にも、他方にも向けようと努めるべきだからです。このことを少しずつでも身につけなければならない、と思うからです。そうでないと、認識行為においても、つい人目をひくことをやろうとしてしまいます。認識行為である筈なのに、好ましい事柄にしか興味を示さなくなってしまいます。けれども認識行為において、好ましい事柄にしか眼を向けないのであれば、決して認識行為であるとは言えません。

この世での私たちの場合、感情を刺激して、自分を喜ばせたり、気に入らなかったりするものでないと、意識の中に入ってきてはくれません。そういう私たちの感情は、太陽紀に由来する働きです。だからこそ私たちは、この太陽紀的なものに対して、理解力で向き合わなければならないのです。いつもは無縁なものであっても、その中にも入っていかなければならないのです。

霊的認識にとって月紀的なものの方が身近かである、と言いましたね。太陽紀的なものは、人間にとってそれほど身近かではないのです。つまり、霊的認識にとって、記憶の方が感情よりも身近かなのです。霊聴という太陽紀的なものと身近かになろうとするのでしたら、私たちの理解力を、いつもは関心を寄せていない領域の中にまで持ち込むのでなければならないのです。

実際、高次の世界を認識するためには、私たちの魂のすべての気分を、ふさわしい状態にしておく必要があるのです。魂のそのような気分なしには、高次の世界に入っていくことができないのです。今私は見霊能力のことを言っているのではなく、理解力をもって高次の世界の事柄に近づこうとするときの霊的認識のことを言っているのです。

『神秘学概論』に述べられている事柄を理解するためには、心情の働きでそれを受けとらなければならないのです。なんらかの数学上の問題でしたら、感情の働きに頼ることはありませんが、高次の事柄に対しては、自分の感情にそのための用意ができていなければ、それを受容できないのです。物質的な次元での通常の理解力で霊聴内容を認識しようとする人は、肉体で植物の中にもぐり込んで、植物のいとなみを共にすることができる、と信じている人と同じです。

ですから古来、高次の世界の認識内容を人に伝えようとするときには、あらかじめ、その前に伝えるべき人びとに心の準備をさせて、正しい仕方で伝授すべき内容が感情に作用することができるように、魂の気分をととのえさせようとしてきたのです。高次の世界の認識は感情に働きかけるのでなければなりません。なぜなら高次の世界に向き合うには、感情を緊張させ、内なる魂の力を集中させなければならないからです。正しい仕方で高次の世界の認識内容に向き合うためには、内的な緊張と集中が不可欠なのです。今私たちはこのことを当然のこととして受け容れるように求められています。

ですから魂のバランスを保つために、魂の振り子がもう一方の方向に振れるようにすることができなければなりません。そのためには、興味のない事柄にも感情を働かせることができなければなりません。

霊界を認識するためには、たとえ霊界からどんな贈りものを受けるのであっても、魂を集中させなければなりません。霊界についての講義には、それに魂を集中させるのでなければ、ついていけません。霊界について言われていることを理解しようと努力するときには、自分の精神を集中させねばならないのは、当然のことなのです。でも、集中するのは当然なのですから、集中しています、などとわざわざ言う必要はありません。けれども、真剣に集中するとき、私たちが地上の人間である限り、そこに随伴現象が生じるのは、まったく当然のことなのです。すなわち、当然の随伴現象として、自分の中のエゴイズムが刺激されてしまうのです。自分自身の中に自分を感じとることが多ければ多いほど、自分の中のエゴイズムは強くなっていくのです。

日常のごくありふれた例をあげてみましょう。私たちが健康な状態で生活している限り、自分の肉体のためにエゴイスティックになる必要はありません。病気になって、どこかに痛みを感じますと、その途端にからだについては、エゴイスティックになってしまいます。これはまったくあたりまえなことです。患者に向って、病気のことでエゴイスティックになってはいけない、などと言うのは、まったくナンセンスです。もし誰かが、自分は病気だけれど、自分の病気を無私の態度で受けとっている、と言ったとしたら、その発言は、自己欺瞞の結果だとしか言えません。同じように、魂の中で前述の努力をやり通そうとしますと、私たちはどうしても、エゴイスティックになってしまいます。こういう集中行為は、高次の世界へ登っていくために不可欠なのですが、そうであればある程、エゴイズムを伴なうのです。ですから何かを自慢するために霊界に参入しようとするのでなければ、真実をはっきり自覚して、自分に向ってこう言えなければなりません。――「お前は超感覚的世界へ参入しようとするとき、どうしてもエゴイズムの気分の中に浸ってしまう。なぜなら精神の集中を自分の内部に感じとらざるをえなくなるのだから。」

ここで私は、この霊界参入のための努力を、或ることと比較したいのです。或る特別な芸術的態度とです。この態度は、私たちの友人亡きクリスティアン・モルゲンシュテルンの場合に、特によく見てとることができます。これまでも何度か取り上げたことがありましたが、この独特な芸術的態度は、モルゲンシュテルンの場合、際立っているのです。モルゲンシュテルンが深刻な問題を取り上げるときのやり方は、他の詩人たちとは違っていました。彼ははるかに高次の度合いで深刻な領域へ赴いていったので、だからこそ、「絞首台の唄」に見出だせるように、釣り合いをとる必要があったのです。

イタチ（ヴィーゼル）が一匹
小川の流れ（ゲリーゼル）の中の
小石（キーゼル）の上に乗っていた。
なぜだと思う？
あの変り者がそっと教えてくれた。
あの教養あるイタチは
韻をふみたいもんだから
そうしていたんだって！

Ein Wiesel
saß auf einem Kiesel
inmitten Bachgeriesel
Wißt ihr
weshalb?
Das Mondkalb
verriet es mir
im stillen :
Das raffierte Tier
tat's um des Reimes willen.

モルゲンシュテルンはこのような軽い風刺詩を、バランスをとるために必要としたのです。常に詩的な顔を長くして見せるような、センチメンタルに高次の世界を仰ぎ見るような詩人は、本当の詩人ではありません。本当の詩人なら、どこかでバランスをとっています。

もちろん私たちは、いたるところで、高次の世界への努力の随伴現象であるエゴイズム現象に出会います。こういう場合に生じるエゴイズムを、自分に対しても、裁いてはなりません。なぜなら、それは一種の自然現象のようなものなのですから。常にエゴイズムから離れていたい、というエゴイズムをもってはなりません。なぜならそんな態度は真実ではないのですから。でも、その代り、例えば『いかにして超感覚的世界の認識を獲得するか』における行法の対《つい》となるようなものを作るのです。最初は自分のこころの中にです。

私たちのオイリュトミーにおいても、エーテル体にふさわしい運動をさせることで、言語全体を理解しようとするあの独特な動きの中に、一種の対になるものがあるのです。その対になるものとは何かというと、おどろかないで下さい。でも一度はっきり申し上げたかったのですが、というか、いつもよりもはっきりと申し上げたいのですが、その対になるものとは、ユーモアのことです。高次の世界に向って努力するとき、ユーモアぬきでは努力しない、ということが本当に必要なのです。

ユーモアぬきで霊界に向き合うと、おそろしい弊害が生じます。自分はホメロスやソクラテスやゲーテのような人間だ、と空想する人がいますね。そういう人が、そのつもりで人前に現れることがどんなに滑稽なことかに気づくなら、自分の立場を健全なものにするのに役立ってくれますよね。でも自分のセンチメンタルな、不健全にまじめな生き方が、ユーモアを受けつけようとしない限り、そういう自己認識にいたる可能性はないのです。

もしも誰かが、自分はホメロスだった、という「不幸」――不幸なのです――、そういう不幸な目に遭い、生れ変わったときにそうだったことが本当に分かったとしたら、その自己認識は、ユーモラスな光の下に現れるでしょう。そうだったことが本当に分かったとしたら、きっとその人はずっこけて、自分のことを笑いとばすでしょう。

この点を簡単に説明するのはむずかしいですが、でも魂がユーモアに心を開いていることは、厳粛なことを本当に厳粛に受けとめるための良い手段なのです。ユーモアのない人は、自分を不純にし、まじめさをセンチメンタルな気分によってごまかしてしまいます。そしてセンチメンタルな気分くらい、人生の深刻な事柄を深刻に受けとめるのに妨げとなるものはありません。

最近或る外国から来た女性が言ったことなのですが、神秘学の深刻な問題に対して、いつも「おなかにとどくほどあごを下にのばして」（顔を長くして）向き合おうとしている或る人物が、この前、「手で小さなねずみを握んだような」という言い方をした私の発言に不快感を示したそうなのです。そういう感じ方をした方は、他にもいらっしゃるでしょうが、私としては、事柄の深刻さから自由になれたら、と思ったのです。

考えてみて下さい。私たちの場合、もっぱらセンチメンタルな気持ちで事柄に向き合うと、容易にその事柄を歪曲してしまうのです。なぜなら、センチメンタルな気持ちだけで、すでに十分に高次の世界に上った、と感じられるからです。そうなると、柔軟性のある、動的な理解力でも霊界に昇っていけるとは、信じられなくなってしまうのです。

本当に、死んだ対象から生きた本性へと思想内容を移行させるような努力よりも、つまり問題を可塑的に把握する霊視への努力よりも、「没我的な態度をとるなら、元素界と出会える」、と語る方がはるかに容易です。没我的な態度で元素界についてのなんらかの漠然としたイメージをもつ方がはるかに容易なのです。

どうぞ今述べた意味で、一切のセンチメンタルな気分なしで霊界に参入しようと、少しずつでも努力してみて下さい。深刻さはその時おのずと生じます。深刻さは、霊的認識のために一生懸命努める努力からおのずと生じるのです。

今私たちにとって大切なのは、こんにちの唯物主義的風潮の中で霊的な立場を洞察する力を手に入れ、その洞察の力によって、霊的な運動に正しく関わることなのです。そのためには、霊的な認識への努力を、物質界から取り出してきた言葉とイメージとで表現する試みを続けるしかありません。たとえ霊界そのものがどんなに物質界と似ていなくても、です。

霊聴そのものは、人間本性の中の太陽紀に由来する内的事実を扱っていますが、この内的事実は、天の働きを、本当に天の働きをこの世において実現するために、今意識化される必要があるのです。しかしそのためには、生まれてから死ぬまでの魂の働きを問題にするだけでなく、死んでから新たに生まれてくるまでの魂の存在をふまえて、今魂の隠された地下にあって、神的な諸世界から働きかけてくる霊的な存在の在りようにも眼を向けなければなりません。

この世で詩人であろうとする人は、詩人の脳を持たなければなりません。言い換えれば、霊界によって脳がそのために整えられているのでなければなりません。画家であろうとする人は、画家の脳を持たなければなりません。人間に画家の脳や詩人の脳を与えるためには、すでに太陽紀に実体として存在していた力と衝動が、現在においても人間本性の中に働いているのでなければなりません。人間自身がまだ地上での人間のように濃縮されておらず、まだ空気の状態にしかなっていなかった時の力と衝動がです。

太陽紀の人間は、熱と空気とから成り立っていました。画家や詩人の脳になるように整えてくれる力と衝動は、人間の中の熱と空気という、太陽紀の遺産の働きなのです。

しかし皆さん、ミクロコスモスである一人ひとりの人間とマクロコスモスである大宇宙との関係をこのように考察することによって、私たちは太陽紀の遺産を通して、自分の環境とひとつになることができる、と思えなければなりません。空気と熱が、外にも内にも存在しているようにです。

今私の中にある空気の或る分量は、次の瞬間には外に出ています。呼吸を通して、常に出たり入ったりしています。私のからだという形姿は空気を含んでいます。そしてその空気を吐き出すと、同じ空気が外にあります。からだの外にあるのです。しかし私の骨が私の一部であるように、息を吸ってから吐くまでの間、その空気の存在は、私自身の存在とひとつになっています。

骨が私の誕生から私の死までの間、私の一部であるように、空気の流れは息を吸う瞬間から息を吐く瞬間までの間、私の一部になっています。私の骨が私のものであるように、空気の流れも私のものです。ただ空気の流れが私のものであるのは、吸ってから吐くまでの間だけです。そして私の骨が私のものであるのは、生まれてから死ぬまでの間です。空気と骨との違いは、時間の問題にすぎません。空気人間は息を吐くときに死にます。そして息を吸う時に生まれます。そして私たちの骨人間は肉体の誕生の前に生まれて、死んでから灰になるのです。私たちが息を吸うとき、私たちの中に何かが生まれ、私たちが息を吐くとき、私たちの中の何かが死ぬのです。しかしこの呼吸こそが、太陽紀の遺産なのです。その当時、はじめて呼吸が人間にそなわったのです。

このことからも分かるように、人間という存在の範囲は、宇宙の中に拡がっており、人間は宇宙と共に進化を遂げてきたのです。

しかし今、私たちが本当に理解しなければならないのは、今でも人間は、霊的存在として生きている、ということです。私たちの時代は、人間と霊的存在とがひとつである、と単純素朴に見てとる才能に欠けています。でも私たちは、今ふたたび、そういう才能を取り戻さなければなりません。

昔の人は、今の人がやるような言い方をしようなどとは、決して思いつきませんでした。今の人は、必要とあらば、何か合成されたもののために言葉を作り出します。化学の研究者は、仮説を立てて、学術用語を作り出すのです。そういう学術用語は、誰にとっても憶えるのがすごくやっかいです。しばしばおそろしいくらい長ったらしいのです。具体的なことをお知りになりたいなら、私たちの友人の中に化学者が何人もいますから、訊いてみて下さい。でもそういう長ったらしい学術用語でないと、正確な用語にはならないのです。

以前はそうではありませんでした。今日私は皆さんに、霊聴《インスピレーション》について話し、霊聴が太陽紀に由来する、と申し上げました。太陽紀の人間は、呼吸するところにまで到りました。つまり、こんにちの呼吸は、そして空気の要素の中に生きているものは、太陽紀に由来するものなのです。従って、人間の息とインスピレーションとの間にはひとつの深い関係があるのです。インスピレーションの語源を考えて下さい。この言葉の中に、すでに、息と霊聴との親和関係が表現されています。なぜならインスピレーションとは、息を吸うことなのですから。霊的なものを否定しようとする人たちは、あらためて言語の進化を知る必要があります。私たちは以前、別の側から次のように述べたことがありました。言霊《ことだま》の本質が理解できれば、この同じ言霊という霊的存在が人間本性の中に働いていることを否定はしないだろう、と。

そうであるなら、私たちが霊界の中にすっぽりはまっていること、霊たちが私たちと共に働いていること、私たちの人生の凡てに霊たちが関与していることをも認めざるをえないのです。そしてそうであるなら、私たちは生まなましい仕方で感じとれるでしょう。――私たちの自己は宇宙大の自己にまで拡がっていくのだと。理論は感情になるでしょう。そしてこれが、真に霊界へ参入するための道なのです。

こういう問題には、本当に真剣に関わっていかなければなりません。私たちはこういう問題の一つひとつを取り上げて、どんなに淡い関係であろうと、人間と霊界との関係について、真剣に理解しようと努めなければなりません。

以上が今回の連続講義の終わりに申し上げたかったことです。今回私は、人間の中に下降する流れと上昇する流れがあること、どんな人も上昇する流れと下降する流れを生きていることをお話ししようと思いました。

ファウストは本を開き、そして次の言葉を読みますよね。

天上の働きが昇ったり降りたりして
黄金の桶を汲みかわすのだ！

この言葉の中に、今回皆さんに分かっていただこうと努めたことが示されています。ファウストがはじめ、じっと見つめて、そして理解することのできなかった、この天上の働きの、昇りそして降りるさま、それを皆さんに分かっていただきたかったのです。

近代がどこへ向って努力しなければならないのかを、私たちはゲーテの『ファウスト』の中に見てとることができます。そのことがこの二行の詩にはっきりと語られています。私たちは私たちの神秘学を学ぶことによって、人間が努力すべき事柄をしっかりと受けとろうとしています。私たちは、神秘学が人類の財産にならなければならない、と思えるようになりました。私たちは人類のこの新しい財産作りのために一緒に働くようになったのですから、私たちの努力が本当に人類の財産になりうるように、人類のためにこの努力が実るように、全力を傾けなければなりません。

以上で今回のこの考察を取りあえず終わりにしたいと思います。

訳者あとがき

シュタイナーは、この世を生きるということの意味と価値のすべては、一人ひとりの人間の中にしか見出だすことができない、という立場に一貫して立っていました。ですから『自由の哲学』の中にも、次のような一文が大事なところに出ています。

> 個的な人間こそが、一切の道徳の源泉なのであり、地上生活の中心点なのである。国家も社会も、個人生活の必然の結果としてのみ存在する。
> （『自由の哲学』筑摩書房〔ちくま学芸文庫版〕一九二頁）

先に刊行した『シュタイナー 魂について』につづき、シュタイナーの著作からのアンソロジーをこういうかたちで出版したいと願った動機のひとつは、自分だけは棚において、「私」よりも「公」の方を、私人よりも法人の方を無条件で優先させるように相手に強要する風潮が、私たちの道徳意識を完全に支配してしまっているような気がするからです。人間一人ひとりの存在の偉大さ、崇高さ、かけがえのなさを、人間自身が否定してしまったら、国家も社会も、そのことの必然の結果としてしか現われてこないのではないでしょうか。

なお今回、私の訳文を通読して、このような形にまとめてくれたのは、京都在住の友人飯塚立人さんと春秋社編集部の賀内麻由子さんでした。このお二人と、全体に眼を通して、はげましてくれた編集長の高梨公明さん、そしてシュタイナーの出版をひきつづき応援して下さっている神田明社長に、この場を借りて、心から感謝申し上げます。

二〇一一年七月二三日

町田にて

高橋　巖

出典

I

大切な人の死　チューリヒ　一九一六年一〇月二四日
――Die Verbindung zwischen Lebenden und Toten（GA168）より

死者との語らい　ニュルンベルク　一九一八年二月一〇日
――Der Tod als Lebenswandlung（GA182）より

不慮の死　チューリヒ　一九一六年一〇月二四日
――Die Verbindung zwischen Lebenden und Toten（GA168）より

死者への祈り　ベルリン　一九〇五年一二月三一日
――Briefe an esoterische Schuler mit Ubungen An Paula Stryczek in Hannover, Zur Geschichte und aus den Inhalten der ersten Abteilung der Esoterischen Schule 1904-1914 (GA264)より

Geisteswissenschaft als Gesinnung - Der Ätherleib als Abspiegelung des Weltenalls
苦悩する時代に　エルバーフェルト　一九一五年六月一三日
——Das Geheimnis des Todes　Wesen und Bedeutung Mitteleuropas und die europäischen Volksgeister（GA159）より

II

エーテル体とは　ドルナハ　一九一六年一〇月二日
——Innere Entwicklungsimpulse der Menschheit　Goethe und die Krisis des neunzehnten Jahrhunderts（GA171）より

Der ätherische Mensch im physischen Menschen
エーテル体をどう感じるか　ベルリン　一九一五年四月二〇日
——Menschenschicksale und Völkerschicksale（GA157）より

Erfahrungen des Menschen nach dem Durchgang durch die Todespforte
死の門を通っていった人の経験　デュッセルドルフ　一九一五年六月一七日
——Das Geheimnis des Todes　Wesen und Bedeutung Mitteleuropas und die europäischen

Volksgeister（GA159）より

Die erkenntnisgemäße Überwindung des Todes - Vorgeburtliche und nachtodliche Seelenerlebnisse -
Unsere Verbindung mit den Toten

死者からの呼びかけ　ケルン　一九一五年六月一九日
――Das Geheimnis des Todes　Wesen und Bedeutung Mitteleuropas und die europäischen
Volksgeister（GA159）より

III

Sinneserleben und Erleben der Welt der Verstorbenen

感覚の変容　ワイマール　一九一三年四月一三日
――Die Welt des Geistes und ihr Hereinragen in das physische Dasein. Das Einwirken der Toten in
die Welt der Lebenden（GA150）より

音楽について　ドルナハ　一九二〇年九月一二日
――Kunst und Kunsterkenntnis　Grundlagen einer neuen Ästhetik（GA271）より

空間について　ドルナハ　一九二〇年四月二四日
――Entsprechungen zwischen Mikrokosmos und Makrokosmos　Der Mensch - eine Hieroglyphe des Weltenalls（GA201）より

Ⅳ　死と出会うための学問

1　サン・ガレン　一九一七年一一月一五日
――Individuelle Geistwseen und das Wirken in der Seele des Menschen（GA178）より

2　チューリヒ　一九一六年一〇月二四日
――Die Verbindung zwischen Lebenden und Toten（GA168）より

3　ウルム　一九一八年四月三〇日
――Der Tod als Lebenswandlung（GA182）より

Der Wert des Denkens für eine den Menschen befriedigende Erkenntnis
思考の変容　ドルナハ　一九一五年九月一七―二〇日
――Der Wert des Denkens für eine den Menschen befriedigende Erkenntnis　Das Verhältnis der Geisteswissenschaft zur Naturwissenschaft（GA164）より

著者・訳者紹介

ルドルフ・シュタイナー（Rudolf Steiner）
1861年、旧オーストリア帝国クラリィェベックに生まれる。1925年、スイス・ドルナッハにて死去。ウィーン工科大学にて熱力学・哲学を学ぶ。ベルリンで文芸関連の編集者や労働者学校の教師をつとめ、各地で講演活動を行う。1902年、神智学協会ドイツ支部書記長に就任。1913年、神智学協会を離れ人智学協会を設立。第1次世界大戦後の1919年、タバコ工場主エミール・モルトの依頼を受けて従業員のための学校をシュトゥットゥガルトに設立、最初の自由ヴァルドルフ学校となる。人智学にもとづいた新たな社会形成の必要を説き、その影響は、教育（自由ヴァルドルフ学校）、農業（バイオダイナミック農法）、銀行、医療、芸術等、広範囲に及ぶ。主著に『自由の哲学』『神智学』『いかにして超感覚的世界の認識を獲得するか』『神秘学概論』がある。

訳者：高橋巖（たかはし・いわお）
東京に生まれる。1957年よりミュンヘンでドイツ・ロマン派美学を学び、その過程でシュタイナーの著書と出会う。1973年まで慶應義塾大学で教鞭をとり、70年代からシュタイナーとその思想である人智学の研究会や翻訳の活動に入る。1985年、日本人智学協会設立、現在に至る。訳書に『自由の哲学』『シュタイナーコレクション』全7巻（筑摩書房）、『社会の未来』『シュタイナー 社会問題の核心』『シュタイナー 宇宙的人間論』『シュタイナー ヨハネ福音書講義』『シュタイナーのカルマ論』『シュタイナー 魂について』『シュタイナー 悪について』『シュタイナーの言葉』（春秋社）。著書に『神秘学講義』『シュタイナー 生命の教育』（角川選書）、『ディオニュソスの美学』（春秋社）など。

シュタイナー　死について

2011年8月25日　第1刷発行
2023年4月10日　第3刷発行

著　者＝ルドルフ・シュタイナー
訳　者＝高橋 巖
発行者＝神田 明
発行所＝株式会社　春秋社
〒101−0021 東京都千代田区外神田2−18−6
電話　(03)3255−9611（営業）
(03)3255−9614（編集）
振替　00180−6−24861
https://www.shunjusha.co.jp/
印刷所＝株式会社　シナノ
製本所＝ナショナル製本協同組合
装　丁＝芦澤泰偉

ISBN978−4−393−32544−5 C0010　定価はカバーに表示してあります。